AF229907

MÉMOIRE

SUR

L'ORIGINE ET LA PROPAGATION

DE LA

DOCTRINE DU TAO.

POÉSIES DE L'AUTEUR :

Helléniennes, ou Élégies sur la Grèce, etc., 1 vol. in-18.
Mélodies poétiques, 1 vol. in-18.
Le Pélerinage de Childe Harold, Poème de Lord Byron, tra—
duit en vers français, 1 vol. in-18.

PARIS. — IMPRIMERIE DE DONDEY-DUPRÉ.

Origine et Propagation de la Doctrine du Tao
(Établie en Chine)

MÉMOIRE

SUR

L'ORIGINE ET LA PROPAGATION

DE LA

DOCTRINE DU TAO,

FONDÉE PAR LAO-TSEU;

TRADUIT DU CHINOIS,

ET ACCOMPAGNÉ D'UN COMMENTAIRE TIRÉ DES LIVRES SANSKRITS ET DU TAO-TE-KING DE LAO-TSEU, ÉTABLISSANT LA CONFORMITÉ DE CERTAINES OPINIONS PHILOSOPHIQUES DE LA CHINE ET DE L'INDE; ORNÉ D'UN DESSIN CHINOIS;

SUIVI DE DEUX OUPANICHADS DES VÉDAS,
AVEC LE TEXTE SANSKRIT ET PERSAN.

PAR M. G. PAUTHIER,

DE LA SOCIÉTÉ ASIATIQUE DE PARIS.

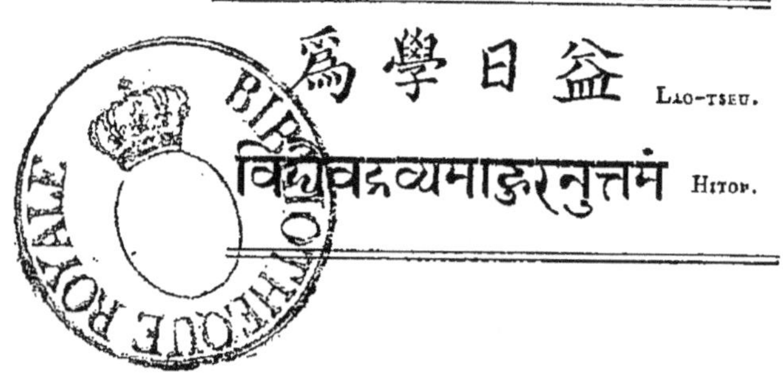

PARIS.

LIBRAIRIE ORIENTALE DE DONDEY-DUPRÉ, PÈRE ET FILS,

IMPRIM.-LIBR.-MÊME. DE LA SOCIÉTÉ ASIATIQUE DE PARIS,

Lib. des Sociétés Asiatiques de Londres et de Calcutta, sur le Continent,

RUE RICHELIEU, Nº 47 *bis*, ET RUE SAINT-LOUIS, Nº 46.

M DCCC XXXI.

INTRODUCTION.

La Légende suivante offre tant de traits de ressemblance avec les doctrines religieuses et philosophiques de l'Inde, que nous avons cru devoir en donner une traduction textuelle, en l'accompagnant d'un commentaire, tiré en grande partie des livres sanskrits. Nous ne présentons ces aperçus nouveaux, et quelquefois opposés à ceux qu'un savant professeur a déjà présentés avec son érudition accoutumée, qu'avec l'extrême réserve que nous commande notre premier pas dans le domaine de la science orientale, et comme analogies nouvelles et peut-être accidentelles d'une doctrine qui paraît avoir au moins de nombreuses affinités indiennes.

M. Abel-Rémusat, dans son Mémoire sur Lao-tseu, a montré les rapports d'analogie qui se trouvent entre la doctrine de ce philosophe, et celles de Pythagore et de Platon. D'où viennent ces analogies? Qui leur a donné naissance? Lao-tseu a-t-il emprunté ses doctrines aux philosophes grecs, ou les philosophes grecs ont-ils emprunté les leurs à Lao-tseu? Si une communication si éloignée et si difficile n'a pu avoir lieu, quel est l'anneau intermédiaire qui les lie? N'auraient-elles pas une origine commune? Où faut-il la chercher, cette origine? « La critique aura à déterminer, a dit un » écrivain compétent en cette matière, si le point du départ des » doctrines chinoises doit être cherché dane l'Indostan, patrie pri- » mitive de tant d'idées qui se sont répandues de tous côtés, ou » dans la Babylonie, la Perse et la Phénicie, comme l'auteur du » Mémoire précédemment cité paraît porté à le penser. » La Notice et le Commentaire qui suivent, tendent, sinon à résoudre, du moins à éclaircir ces questions.

Destinée au Journal Asiatique, cette Dissertation, qui aurait pu être suivie par d'autres, n'embrasse, dans sa forme actuelle, que les principaux points de la Doctrine de Lao-tseu, et non son système complet, tel que la traduction entière de son ouvrage pourrait le faire connaître. Le but en est de démontrer l'origine de cette même Doctrine, et son identité avec certains systèmes de philosophies de l'Inde.

Fondateur en Chine d'une religion qui compte peut-être maintenant plus de cent millions de sectateurs, Lao-tseu devait sortir du domaine des faits historiques pour être placé au rang des existences merveilleuses, condition inévitable de tout législateur ou réformateur dont la foi sanctionne les enseignemens. Le philosophe chinois a éprouvé cette destinée. Lao-tseu a écrit un livre de morale et de philosophie ; le tems et l'admiration, crédule ou fanatique, en ont fait un livre de religion révélée. La Notice qui suit confirme cette opinion.

Ce caractère est celui de toutes les Écritures théologiques de l'Orient ; et si jamais pensée humaine reçut des inspirations de la Divinité, assurément les VÉDAS, ou Écritures sacrées de l'Inde, portent, plus que tout autre monument religieux, l'empreinte de cette inspiration.

Nulle part la pensée religieuse ne s'est élevée à une telle hauteur de conception ; nulle part elle n'a présenté à l'homme, de plus sublimes symboles ! Emportée comme le satellite d'un monde inconnu, elle tourne éternellement autour de cet Etre incompréhensible qui l'attire sans qu'elle puisse jamais l'atteindre ; mais profondément pénétrée de son existence, elle s'épuise en efforts merveilleux pour trouver la raison et le mode de cette existence impénétrable. Et pour se rendre compte de cette existence, elle a poussé l'abstraction de l'intelligence humaine jusqu'à ses dernières limites. On peut dire que dans l'Inde la nature a été interrogée dans toutes ses parties, pour lui demander Dieu ; et cette nature a répondu : « C'est moi ! ce n'est pas moi ! »

Chez les Hébreux, la pensée de Dieu était grande aussi ; mais c'était d'une grandeur qui avait quelque chose d'humain ; cette pensée était, pour ainsi dire, toute matérielle, tandis que dans l'Inde, à côté de ses symboles, elle a été formulée spirituellement jusqu'à la négation de l'existence, limite infranchissable à l'esprit humain.

Pour donner une idée de ces livres théologiques de l'Inde, et pour confirmer davantage les analogies présentées dans notre Mémoire, nous avons ajouté à la fin, deux OUPANICHADS, ou Chapitres des VÉDAS, en les accompagnant d'une traduction française, aussi littérale que possible. Déjà publiés en 1817, à Calicatta, en caractères et avec un commentaire bengalis, par le savant Brahmane Ram-Mahun-Roy, ces textes étaient si rares en Europe, qu'ils pouvaient y être considérés comme inédits, et qu'une réimpression en caractères dévanagaris se faisait vivement désirer.

Ram-Mahun-Roy a aussi publié une traduction anglaise de ces Oupanichads, ainsi que de deux autres, le *Katha* et le *Moundaka*, dont la Bibliothèque royale ne possède pas les textes. Ces traductions anglaises, d'ailleurs très-fidèles, reproduisent en partie le commentaire de Sankara-Atcharia. Dans celle qui est donnée ici, on ne s'est attaché qu'à reproduire le texte le plus exactement possible, afin de le représenter avec toute sa spécialité. Les formes inusitées dont il est rempli, en le rendant plus difficile à comprendre, ont été scrupuleusement conservées; excepté deux fois où l'exemple de Carey, qui a donné l'*Isa Oupaniçhad* dans sa grammaire sanskrite, nous a induit en erreur. Le texte a été rétabli comme variante, à la fin de l'ouvrage.

Il serait bien à désirer que d'habiles indianistes, possédant le texte des VÉDAS, publiassent une traduction fidèle de ces monumens religieux de l'Inde, au moins de tous les *Oupanichads* qui en sont la partie philosophique, sur laquelle reposent les principaux systèmes de philosophie de l'Inde. Le savant WILSON a promis la traduction du *Yadjour-Véda*. M. ROSEN, à qui l'étude de la langue sanskrite doit déjà un excellent ouvrage, a donné un SPECIMEN, contenant quelques hymnés des VÉDAS, et a annoncé la publication d'un Glossaire spécial, le *Nighantou*, indispensable pour comprendre un grand nombre de locutions particulières aux VÉDAS; ce Glossaire, ainsi que la traduction du *Rig-Véda* que doit publier le même auteur, seront un grand service rendu aux amateurs de la littérature et de la philosophie de l'Inde, comme à ceux qui se livrent aux études philologiques; M. Eugène BURNOUF, à qui les écrits de Zoroastre devront d'être reproduits fidèlement une seconde fois dans notre langue, avec la traduction sanskrite de NÉRIOSENG, prépare pour la publication le *Vriahdâranyaka*, un des plus longs et des plus beaux *Oupanichads*. Ce n'est que lorsqu'on aura publié tous ces traités, que l'on pourra juger de la fécondité prodigieuse de la pensée indienne.

Une autre publication non moins importante peut-être, serait celle de la traduction persane complète des cinquante *Oupnékhat* (*Oupanichads*), traduits en latin par ANQUETIL-DUPERRON, sur cette même traduction. Pour donner aux orientalistes une idée de cet ouvrage, nous avons placé à la suite du texte sanskrit, la traduction persane des deux *Oupanichads* que nous avons reproduits, en y ajoutant la synonymie sanskrite des noms conservés en persan. Cette traduction, très-rare en Europe, et même dans l'Inde, a été tirée de deux manuscrits de la Bibliothèque royale, dont un a appartenu à ANQUETIL, et dont il s'est servi pour composer sa traduction latine. Elle fut faite par Dara-Schakouh, fils aîné de l'Empereur Scha-Djehan, frère d'Aureng-Zeb, l'an 1067 de l'Hégire, 1657 de l'ère chrétienne, dans la ville de Bénarès, aidé par un grand nombre de Brahmanes et de Sannyasis, savans dans la langue sanskrite, qu'il fit assembler pour cet objet. On voit par là de quelle importance elle est pour l'étude des VÉDAS eux-mêmes, et pour celle de la philo-

sophie indienne, car elle représente les idées des Pandits de l'Inde
sur les Védas et la philosophie, tel que le sens en était conservé à
cette époque, puisqu'ils ont souvent mêlé, dans cette traduction,
leurs idées ou celles des commentateurs à celles du texte.

A mesure que les connaissances sur l'Orient se développeront, on
verra se révéler comme un monde nouveau, une civilisation merveilleuse que l'antiquité n'avait pas même soupçonnée. On sera sur-
pris de voir ce qu'étaient les anciens en comparaison de ces vieux
peuples de l'Orient (1), et on sera de plus en plus frappé de la vérité de cette allocution d'un Prêtre d'Égypte à Solon : « Athéniens !
» vous êtes semblables à des enfans, vous ne connaissez rien de ce
» qui est plus ancien que vous ; rempli de votre propre excellence,
» et de celle de votre nation ; vous ignorez tout ce qui vous a pré-
» cédés ; vous croyez que ce n'est qu'avec vous et avec votre ville
» que le monde a commencé d'exister ! »

On s'étonnera peut-être qu'après les trois glorieuses et impérissables
journées de juillet, quelqu'un ait eu une pensée qui ne fût pas politique, et que cette pensée soit livrée à la publicité ; mais après que
l'enthousiasme excité par ce triomphe si pur de la raison de l'hu-
manité sur le principe de l'oppression brutale et ignorante, a été
refoulé dans les ames généreuses, et que la pensée politique n'a eu
pour se formuler que l'alternative des mouvemens tumultueux ou de
la tribune journalière, c'était peut-être un devoir, à défaut de cette
dernière, et en attendant des jours meilleurs, de suivre ce précepte
attribué à Pythagore, qui dit : « Dans les discordes civiles, retire-toi
» sur la montagne pour étudier en paix la marche harmonieuse des
» Astres. »

Paris, 15 Mars 1831.

---

(1) Platon semble avoir eu le sentiment de la haute antiquité et des croyances
de l'Orient. Le passage suivant, qui rappelle les âges du monde, ou les créations et les annihilations successives de la philosophie indienne, en offre un
exemple frappant : « On peut croire que la succession complète des âges ramè-
» nera la grande année périodique, lorsque toutes les sphères, après les innom-
» brables combinaisons de leur double mouvement, par la force de l'ame divine
» seront revenues au point où leur course errante a commencé. »

Ἔστι δ' ὅμως οὐδὲν ἧττον κατανοῆσαι δυνατὸν, ὡς ὅγε τέλεος ἀριθμὸς χρόνου τὸν
τέλεον ἐνιαυτὸν πληροῖ τότε, ὅταν ἀπασῶν τῶν ὀκτὼ περιόδων τὰ πρὸς ἄλληλα ξυμ-
περαθέντα τάχη σχῇ κεφαλὴν, τῷ τοῦ ταυτοῦ καὶ ὁμοίως ἰόντος ἀναμετρηθέντα
κύκλῳ. (Timée.)

道 教 源 流

ORIGINE ET PROPAGATION

DE LA

DOCTRINE DU TAO[1].

TEXTE.

La sainte Notice (ou *saint Mémoire*) sur le noir, primordial, très-haut *Lao-Kiun* du temple d'or (ou *du palais des dieux*) remarque « que le profond, noir, immatériel,
» précieux, primitif, primordial Chang-ti (*Étre supréme*)
» *Tao-Kiun* [*Lao-tseu*, auteur] de la vraie religion et des
» écrits primordiaux, s'adressa à un roi des tems anciens
» (*Tsao-ti*[2], Empereur du matin), en disant : Autre-
» fois, lorsque le ciel et la terre n'étaient point encore
» séparés ; que le *Yn* et le *Yang* n'étaient point encore di-
» visés ; tout était brumeux et comme enseveli sous les
» ondes. La matière première reposait dans un état mys-

---

1. Cette Légende ou Notice est extraite du 搜 神 記 *Seou Chin-ki*, Mémoires sur l'Origine et la Propagation des trois Religions ou Doctrines (celles de *Confucius*, de *Lao-tseu* et de *Fo*, ou *Bouddha*) sur leurs chefs et sectateurs devenus Génies ou Divinités. C'est de ce même ouvrage que M. Morisson a tiré ses Vies de *Fo* et de *Lao-tseu*, insérées dans ses *Horæ Sinicæ*. M. *Klaproth* a donné, dans le *Nouveau Journal Asiatique*, une nouvelle traduction critique de la première. La traduction qui suit de la Légende sur *Lao-tseu*, diffère beaucoup de celle de M. Morisson. — 2. 早 帝

» térieux et incompréhensible. *Le grand Dieu de l'Inde*
» (*Ta-fan* [1], *Brahma*) préludait à la création (*Kie* [2]) dans
» l'immensité solitaire et ténébreuse de l'espace. Au mi-
» lieu du vide existant par lui-même, subsistait un mil-
» lion d'élémens matériels d'air ou d'esprits subtils, qui
» ont produit par transformation l'incompréhensible *non-*
» *Être* (la merveilleuse *non-Entité*, *miao wou* [3], négation
» de l'existence visible); le saint prince, ensuite sur-
» nommé honorablement l'incompréhensible *non-Être*, le
» maître suprême, l'être existant par lui-même, l'être
» primordial et préexistant, l'honorable du ciel, aussi
» nommé l'homme sublime, précieux et vénérable. »

金闕玄元太上老君
聖紀按洞玄靈寶元
始上帝眞教元符經
道君告早帝曰昔天
地未分陰陽未判濛
洪杳冥俱涬大梵寥
廓無光結空自然中
有百千萬重正氣而

1. 大梵 — 2. 結 — 3. 妙無。

化生妙無
聖君歷尊
號曰妙無
上帝自然
元始天尊
一號大寶
丈人。

NOTES.

Ce début annonce la déification de *Lao-tseu*[1], par ses sectateurs, qui auront voulu trouver une origine divine à sa doctrine. Cette destinée, commune à presque tous les chefs de sectes ou de religions, tout en donnant une sanction divine à leurs enseignemens, donne aussi naissance à des pratiques religieuses qu'ils n'avaient point établies et auxquelles ils n'avaient même pas pensé. Ce point admis de la déification de *Lao-tseu* par ses sectateurs, les doctrines émises par eux sur cette divinité, et sur ses rapports avec la création, doivent être considérées comme des traditions ou des applications de celles de *Lao-tseu* lui-même sur la première cause, et par conséquent servir de base à notre parallèle.

Les termes nombreux et vagues qui servent à désigner la première cause dénotent toute la hardiesse et toute l'impuissance de l'esprit humain pour qualifier l'être inqualifiable, *apratarkyam*[2], inénarrable, comme dit *Manou*. Le caractère *hiouan*[3], qui signifie *bleu foncé, couleur du ciel, noir*, peint admirablement l'Être préexistant au chaos, et correspond peut-être au mot sanskrit *támasa*[4], obscur, une des trois qualités primitives des choses. Il pourrait être aussi rendu par le mot *níla*[5], noir, violet, et par *Krichna*[6], qui a la même signification. Ce dernier terme est le nom donné au dieu qui, dans le *Bhagavad-Guítá*, dans le *Brahma-vaivarta-Pourana*, dans le *Bhagavad-Pourana*, est placé au-dessus de tous les autres dieux, même de *Brahma;* car on verra plus loin que, dans le *Bhagavad-Guítá, Krichna*

---

1. 老子 — 2. अप्रतर्क्यम् — 3. 玄 — 4. तामस
— 5. नील — 6. कृष्णा

nomme *Brahma* sa *grande Yôni* (*magna matrix*). Il est donc très-probable que c'est *Krichna* (incarnation de *Vichnou*, selon les uns) qui est désigné ici par l'épithète de *hiouan* [1], *couleur bleu foncé* du ciel, *noir*. D'ailleurs, la plupart des dieux de l'Inde comme de l'ancienne Égypte sont représentés peints de *couleur bleu foncé*, *noir*. Cette épithète est ici d'une haute importance. *Taï-chang* [2], *très-haut*, est le mot sanskrit *parama* [3], *altissimus*, comme l'expression *Chang-ti* [4], suprême seigneur, est le terme *mahèsvara* [5], grand, suprême seigneur, *magnus dominus*.

Mais nos analogies doivent reposer sur d'autres fondemens que des ressemblances de signification de mots. Les caractères chinois *youan fou king*, qui signifient écritures primordiales, et comme consacrées par l'autorité publique (*fou* [6], *scriptura publico sigillo munita*) rappellent ce sloka de Manou où il est dit :

अग्निवायुरविभ्यस्तु त्रयं ब्रह्म सनातनं ।
दुदोह यज्ञसिद्ध्यर्थं ऋग्यजुःसामलक्षणां ॥

« Il tira du feu, du vent et du soleil, le triple et éternel Brahma;
» le *Rig*, le *Yadjouh* et le *Sama*, destinés à l'accomplissement des
» sacrifices. » (*Manou*, ch. I, sl. 23.)

Le triple et éternel Brahma désigne ces trois *Védas* primordiaux, éternels, dans l'opinion des Indiens, et identifiés, comme on l'a vu, avec la divinité.

Le *Tao* [7] du texte chinois est le triple Brahma des vers de *Manou*, la parole éternelle et suprême, l'intelligence ordonnatrice et motrice de toutes choses. Le *Tao*, disent les Chinois, est le principe duquel le ciel, la terre, l'homme et toute la nature émanent. *Li* [8] est le principe latent; *Tao* est le principe en action. « Le *Tao*, dit
» M. Morisson dans son dictionnaire tonique, ressemble beaucoup,
» dans les ouvrages de *Lao-tseu*, à l'*éternelle raison* dont parlent
» quelques Européens, au *ratio* des Latins, et au λογος des Grecs. »
M. Abel-Rémusat est de la même opinion.

---

1. 玄 — 2. 太上 — 3. परम — 4. 上帝 — 5. महेश्वर — 6. 符 — 7. 道 — 8. 理

Rien de plus vague, en général, et de plus difficile à préciser que la signification de certains mots de toutes les terminologies philosophiques. Ainsi, le *Tao* de l'école de *Confucius* n'a pas la même signification, les mêmes attributs que le *Tao* de *Lao-tseu*. Dans la doctrine de Confucius, ce n'est pas une divinité, c'est quelque chose de naturel à l'homme, de providentiel; c'est la voie droite, la voie de la vertu, le chemin de la perfection, le sentiment du juste, la conscience morale qui doit être la règle de conduite des hommes. « Se conformer au *Tao*, disent les commentateurs de cette école, » c'est purement suivre la nature; ainsi, chacun peut le connaître » et le pratiquer. Le *Tao* est constamment près des hommes; mais si » quelqu'un méprise ce qui est commun et facile à pratiquer, et le » considère comme indigne de lui, pour prêter son attention à quel- » que chose d'élevé, d'éloigné et de difficile, alors ce qu'il poursuit » ce n'est point le *Tao*. Le *Tao* de l'homme supérieur, du sage, » dit Confucius, peut être comparé au long trajet du voyageur qui » commence au point le plus près pour s'éloigner ensuite; ou au » chemin de celui qui gravit un lieu élevé en commençant par sa » partie la plus inférieure. » Chez *Lao-tseu*, le caractère *Tao* a une signification beaucoup plus élevée, parce que les doctrines de *Lao-tseu* sont plus empreintes des grandes idées religieuses d'un être supérieur à l'homme, distinct de l'homme, et dont la puissance est infinie. Le *Tao* est divinisé; c'est l'intelligence, la raison suprême et primordiale. La plupart des commentateurs du *Tao-te-king* ne semblent pas avoir compris ce sens élevé et primitif; ils ont, pour ainsi dire, matérialisé la signification du *Tao*, en lui ôtant son sens figuré; d'autres l'ont entendu dans sa haute acception. Les différens et nombreux emplois de ce mot, dans le cours de ce Mémoire, en feront peut-être comprendre la signification.

Hoaï-nan-tseu, célèbre philosophe de l'école de *Lao-tseu*, dit : « Le *Tao* conserve le ciel, soutient la terre; il est si élevé que l'on » ne peut l'atteindre; si profond qu'on ne peut le sonder; si immense » qu'il contient l'univers, et néanmoins il est tout entier dans les » plus petites choses. » C'est le *Tao* revêtu des attributs de la divinité.

Il est bon de remarquer toutefois que presque toutes les sectes philosophiques et religieuses surtout ont employé dans toutes les langues un mot équivalent à celui de *voie, chemin*, pour indiquer leur règle de conduite, en considérant tous ceux qui ne partageaient pas leurs doctrines comme hors de la *voie*, du *droit chemin*, *égarés*. Il serait donc possible que le *Tao*, proprement *voie, chemin*, de *Lao-tseu*, eût conservé cette signification, qui, en étant élevé au type absolu de modèle de perfection, a pu recevoir tous les attributs de la divinité.

Nous devons ajouter que la plupart des commentateurs du *Tao-te-king* de *Lao-tseu*, n'entendent pas autrement le *Tao* que comme *voie*, *chemin* de la vertu et de la perfection, et non comme un être abstrait et intelligent qui inspirerait lui-même la droite règle de conduite; l'examen complet des doctrines de *Lao-tseu* serait nécessaire pour bien déterminer le sens de ce mot, ou plutôt de ce caractère *Tao* [1]. Ce *Tao* est la divinité considérée sous un point de vue philosophique et élevé; aussi, le titre même de cette notice indique-t-il un enseignement supérieur du *Tao*, dans le caractère *kiao* [2] qui signifie enseignement, doctrine, et qui a servi à la traduction par les Chinois du mot sanskrit *Sasana* [3], précepte, enseignement, doctrine, de la racine verbale *sas* [4], enseigner, instruire. Ce mot n'a point été donné par l'auteur du *Seou-chin-ki* aux notices sur Confucius et Bouddha; il se sert du caractère *chi* [5], famille, secte; ce qui paraît indiquer l'origine philosophique de la doctrine du *Tao*, fondée sur les préceptes de la raison éternelle et sur la connaissance de l'origine des choses.

Confucius, dans le *Tchoung-young*, appelle *kiao* [6] la perfection qui vient des lumières acquises par l'étude, par des enseignemens : en opposition à la perfection naturelle qui n'est point acquise par l'homme.

Les deux caractères *tchin kiao* [7] du texte confirment la ressemblance frappante de toute cette partie avec la croyance indienne des écritures védiques; ils signifient la *vraie doctrine*, les vrais enseignemens identifiés avec les écritures primordiales. Cette prétention exclusive est d'ailleurs celle de toutes les sectes et de toutes les religions.

La *vraie religion* ou la *vraie doctrine*, les *écrits primordiaux*, sont dans l'esprit des sectateurs de *Lao-tseu*, le *Tao-te-king*, comme les *Védas*, dans l'esprit des Brahmanes; comme le *Zend-avesta*, la *Bible*, le *Koran*, dans l'esprit des Guèbres, des Juifs et des Mahométans, et même comme l'Évangile dans l'esprit des Chrétiens. Il en

---

1. 道 — 2. 教 — 3. शासन — 4. शस् — 5. 氏 — 6. 教 — 7. 眞教

est ainsi pour les Bouddhistes. Les paroles que la Notice citée met dans la bouche de *Lao-tseu* (car l'expression *Tao-kiun* est très-commune chez ses sectateurs et ne signifie pas autre chose que *Lao-tseu* lui-même, le *Prince de la doctrine du Tao*) sont très-importantes, et s'il était reconnu qu'elles fussent authentiques, la question de l'origine de sa doctrine serait décidée, puisqu'il nomme le grand dieu de l'Inde, *Ta-fan*, *Brahma*, et le désigne comme celui qui préside à la création.

Cette induction n'est pas la seule.

Tout le paragraphe est d'origine indienne ; c'est la cosmogonie de *Manou* et des *Védas*. Voyons *Manou* :

आसीदिदं तमोभूतं अप्रज्ञातं अलक्षणं ।

अप्रतर्क्यं अविज्ञेयं प्रसुप्तमिव सर्व्वतः ॥

ततः स्वयम्भुर्भगवान् अव्यक्तो व्यञ्जयन्निदं ।

महाभूतादि वृत्तौजाः प्रादुरसीत् तमोनुदः ॥

« Ce (monde) était tout ténèbres, indécouvert, imperceptible, iné-
» narrable, impossible à connaître, comme endormi de toutes parts ;
» alors le pouvoir heureux, existant par lui-même, lui-même n'é-
» tant point vu, mais rendant ce (monde) visible, les grands et les
» autres élémens, se manifesta dans toute la puissance de sa gloire,
» dispersant les ténèbres. » (5ᵉ et 6ᵉ slok.)

Un hymne du Rig-Véda, cité par le savant indianiste Colebrooke, dans son Essai sur les *Védas*, dit :

« Alors il n'existait là ni *entité*, ni *non-entité*, ni monde, ni ciel,
» ni rien au-dessus de lui : rien, partout, dans la félicité d'aucun
» être, enveloppant ou enveloppé : ni eau, tout était profond et
» dangereux. La mort n'existait pas. Alors il n'y avait pas d'immor-
» talité, alors il n'y avait pas de distinction de jour ni de nuit ; mais
» *celui-là* ¹ respirait sans aspiration, seul avec (*Swadha*), *celle* dont

---

1. Le pronom sanskrit *Tad* तद् employé si emphatiquement, est destiné à désigner l'Être-Suprême selon les doctrines de la philosophie *Védanta*. Lorsqu'il est manifesté par la création, il est l'*entité Sat* सत् tandis que sous des

» il soutient la vie. Autre que lui, rien n'existait (qui) depuis (ait
» existé). Les ténèbres étaient là : (car) cet univers était enveloppé
» de ténèbres, indistinctible (comme les fluides mêlés dans) les
» eaux : mais cette masse, qui était couverte d'une croûte, fut (à
» la fin) organisée par le pouvoir de la contemplation. Le premier
» désir fut formé dans son intelligence, et il devint la semence pro-
» ductive originaire. Les sages l'appellent non-entité, comme la
» limite de l'entité. »

Le *Yn*[1] et le *Yang*[2], proprement l'*obscurité* et la *clarté*, en sanskrit *tamas*[3] et *radjas*[4], sont considérés par les Chinois comme exprim-
mant la *matière en repos* et la *matière en mouvement*, la *matière
élémentaire passive* et la *matière élémentaire active*, le *principe mâle*
et le *principe femelle*. Ils répondent aux deux premiers principes de
la philosophie *sankhyá*[5], nommés *Prakriti* et *Pouroucha*[6]. Le premier
est la source ou l'origine formatrice de toutes choses; le second,
l'être mâle, est le type fécondant, le type créateur de tous les êtres ;
c'est le grand prototype de toutes les formes corporelles, lui-même
n'étant point sujet aux conditions de douleurs et de misères que ces
formes impliquent. Voici comment le *Bhagavad-Guîtá* décrit ces deux
principes : (*Lecture* 13 , *Slokas* 19—22.)

प्रकृतिं पुरुषं चैव विद्ध्यनादी उभावपि ।

विकारांश्च गुणांश्चैव विद्धि प्रकृतिसंभवान् ॥

कार्यकारणकर्तृत्वे हेतुः प्रकृतिर् उच्यते ।

पुरुषः सुखदुःखानां भोक्तृत्वे हेतुर् उच्यते ॥

---

formes, qui sont une pure illusion, il est la *non-entité Asat* असत्. L'ob-

scurité तमस् *tamas* et le désir, काम *Kama* ont une grande ressem-

blance avec le *Chaos* et l'*Eros* d'Hésiode. *Colebr.*

1. 陰 — 2. 陽 — 3. तमस् — 4. रजस् — 5. सांख्या

— 6. प्रकृति पुरुष.

पुरुषः प्रकृतिस्थो हि भुङ्क्ते प्रकृतिजान् गुणान् ।
कारणं गुणसङ्गोऽस्य सदसद्योनिजन्मसु ॥
उपद्रष्टानुमन्ता च भर्ता भोक्ता महेश्वरः ।
परमात्मेति चाप्युक्तो देहेऽस्मिन् पुरुषः परः ॥

« Sache que *Prakriti* et *Pouroucha* n'ont tous deux aucun com-
» mencement ;

» Sache que les transformations et les qualités des choses sont
» produites par *Prakriti* ;

» *Prakriti* est le principe qui opère dans la cause instrumentale
» de l'action ;

» *Pouroucha* est le principe qui opère dans la sensation du plaisir
» et de la peine ;

» *Pouroucha* demeure dans *Prakriti* et participe aux qualités qui
» en dérivent ;

» Le penchant pour les qualités (possédées par *Prakriti*) est la
» cause des générations dans un bon ou mauvais *yôni* (*matrix*) ;

» *Mahésvara*, le grand dieu, qui voit tout, qui permet tout, qui
» nourrit tout ;

» La grande ame qui anime ce corps mortel est le suprême *Pou-
» roucha.* »

Dans l'exorde du *Mahâ-Bhârata*, poème d'où est tiré le *Bhagavad-Guîtâ*, *Pouroucha* est le premier être qu'adore *Sauti* (l'interlo-
cuteur universel des grands poèmes et des Pouranas indiens). Voici
le passage :

आद्यं पुरुषमीशानं पुरुहूतं पुरुष्टुतं ।
ऋतमेकाक्षरं ब्रह्म व्यक्ताव्यक्तं सनातनं ॥
असच्च सदसच्चैव यद्विश्वं सदसत्परं ।
परावराणां स्रष्टारं पुराणं परमव्ययं ॥

« (J'adore) le premier *Pouroucha*, le maître souverain, l'être ho-
» noré par d'innombrables sacrifices, célébré par des hymnes innom-
» brables, le vrai, le seul immuable, Brahma, le visible et l'invi-
» sible, l'éternel,

» Celui qui est et qui n'est pas (ou l'*entité* et la *non-entité*), celui
» qui est l'univers existant et la non-existence supérieure, le créa-
» teur des premiers et des derniers (êtres); l'antique, le suprême,
» l'impérissable. »

Le *Yn* et le *Yang* pourraient aussi s'identifier avec les deux premiers principes des Sivaïtes, le *Yôni*[1], *uterus*, et le *Linga*[2], *phallus*,
dont l'union a produit tous les êtres ; car, en chinois, le *Yn* et le
Yang ont la même signification sexuelle que le *Yôni* et le *Linga*.

Mais c'est aux deux premiers principes *Prakriti* et *Pouroucha* que
les deux premiers principes chinois semblent le mieux s'assimiler.
Il faut remarquer toutefois que ces deux premiers principes indiens
ne se rencontrent pas ainsi dans les Védas ni dans les lois de *Manou*.
Dans ces anciens monumens religieux de l'Inde, les notions sur un
Être suprême, sur la première cause créatrice ou ordonnatrice, se
résolvent, du moins dans ce qui nous est connu, en une unité panthéistique et souverainement intelligente ; tandis que, dans la philosophie Sânkhya de *Kapila*, les deux principes sont clairement
exposés et désignés comme les deux premières causes matérielles de
toutes les productions. Voici les termes :

« La nature, *Prakriti* ou *Moula-prakriti*, est la source ou l'ori-
» gine formatrice de toutes choses, nommée aussi *Pradhâna*[3], le
» chef suprême ; c'est la cause matérielle universelle, identifiée dans
» la cosmogonie des *Pouranas* avec *Mâyâ*, l'illusion ; et par les my-
» thologues avec *Brahmî*, la puissance ou l'énergie de Brahma.
» C'est la matière éternelle, *indistincte*, *indistinctible*, comme dé-
» nuée de parties ; *supposable* par ses effets, étant productive sans
» être une production[4]. »

La philosophie *Sânkya* de *Kapila*, qui ne reconnaît point de premier être intelligent, donne le nom de *Pouroucha* à l'ame individuelle, qui est éternelle, immatérielle et inaltérable.

Le *Sânkya* théiste de *Patandjali* entend par *Pouroucha*, non
l'ame individuelle seule, mais pareillement dieu (*Iswara*[5]) l'ordonnateur du monde.

La philosophie *Védânta* (ou celle qui suit les doctrines des Védas)
combat le sens que la philosophie *Sânkhya* attache aux principes
prakriti et *pouroucha*. « Les *Sânkhyas* (sectateurs de la philosophie

---

1. योनि — 2. लिङ्ग — 3. प्रधान — 4. Colebrooke, sur la philosophie des Hindous. 1er Essai. — 5. ईश्वर

» *sânkhya*) dit-elle, affirment que la *nature*, nommée *pradhâna*
» (ou *prakriti*) qui, selon eux, est la cause matérielle de l'univers,
» est la même que la cause omnisciente et toute-puissante des *Védas.*
» Cela n'est pas ainsi... Cette première cause est un être rationnel
» et sensitif; non pas insensible comme la *prakriti* (nature) ou *pra-*
» *dhâna* (matière) de *Kapila* [1]. »

Ailleurs il est dit qu'il est bien démontré que l'opinion d'une
nature plastique et d'une cause matérielle (*prakriti* ou *pradhâna*)
est inconciliable avec le texte des *Védas* et incompatible avec les
doctrines qu'ils enseignent.

Il résulte de ces autorités que l'opinion des deux principes n'est
point formellement énoncée dans les *Védas*, et que la philosophie
orthodoxe de l'Inde la repousse, entendue à la manière de la philosophie sânkhya de *Kapila*. Le commentateur des lois de Manou
(Koullouka) parle des deux principes qui ne sont point dans son
texte, en expliquant le *tamas* [2], *obscurité*, *ténèbres*, du 6e *sloka* par
prakriti [3], nature. Le *Bhagavad-Guîtâ*, dont les doctrines semblent
être un vrai synchrétisme, a plus spiritualisé les deux premiers
principes *Prakriti* et *Pouroucha* que *Kapila;* et l'on resterait dans le
doute de savoir si ce poème extraordinaire est un monument de la
philosophie *Sânkhya* ou de la philosophie *Védânta*, comme son auteur présumé *Vyasa*, le compilateur des *Védas* et l'auteur des
Brahma-soutras, aphorismes révérés de la philosophie *Védânta*,
pourrait le faire penser, si l'on ne savait aussi que les différences
essentielles sur beaucoup de points des doctrines que ces ouvrages
renferment, ne permettaient pas de supposer avec raison qu'ils appartiennent à des auteurs et à des systèmes de philosophie différens
sur quelques points de leurs doctrines.

D'ailleurs, les deux philosophies *Sânkhya* et *Védânta* sont citées
plusieurs fois dans le *Bhagavad-Guîtâ* avec une égale déférence. Ce
qui ferait supposer que ce poème renferme les principes de toutes les
deux. *Krichna* dit que, parmi les saints, il est le *Mouni Kapila*
(l'auteur reconnu du système de philosophie *sânkhya*), et parmi les
Mounis, *Vyasa* (auteur reconnu de la philosophie *Védânta*).

L'essentiel pour le but proposé dans ce Mémoire, est de retrouver
dans l'Inde les doctrines de *Lao-tseu* ou du moins de ses sectateurs.
On peut conclure de ce qui précède que c'est déjà dans un système

---

1. Colebrooke. Essai, etc. 5e partie. — 2. तमस् — 3. प्रकृति.

de philosophie en opposition sur plusieurs points de doctrines avec les *Védas*, que l'on doit chercher la source ou l'origine des opinions philosophiques de *Lao-tseu*, et peut-être de toute l'ancienne philosophie de la Chine ; ear la doctrine du *Yn* et du *Yang* est commune aux diverses écoles de philosophie de cette contrée.

Le *Yn*, selon les Chinois, est une des deux formes supposées de la nature, qui ont succédé au chaos. C'est la femelle dans la nature, celle par laquelle furent produites les existences visibles. Le *Yang* est le premier des deux principes matériels, et le *Yn* et le *Yang* sont les deux formes d'existence qui ont opéré dans la production de la matière organisée.

« L'union du *Yn* et du *Yang*, dit *Tchou-fou-tseu*[1], est le com-
» mencement des choses ; la séparation du *Yn* et du *Yang* est la fin
» ou la dissolution des choses. Ils se séparent et ils s'unissent de
» nouveau ; de là nous avons la fin des choses, et ensuite leur re-
» nouvellement. Ce sont des productions après des productions se
» produisant à l'infini par un pouvoir né de lui-même. »

Ces deux premiers principes sont la base de l'*Y-king*[2], que l'on dit avoir été composé par *Fo-hi*[3], le premier empereur de la Chine, et celui qui apporta la civilisation dans cette contrée trois mille deux cent cinquante-quatre ans avant notre ère, selon les historiens chinois. Dans ce livre mystérieux, incompréhensible pour les Chinois eux-mêmes, et que nous soupçonnons vivement d'être une importation primitive de l'Inde, le *Taï Ki*[4], principe primordial représenté par un *cercle* simple ou divisé par une zône, a produit, dans son *mouvement*, le *Yang*, et dans son *repos*, le *Yn;* ceux-ci produisirent toutes choses. Le *Y-king* nomme le *Yang* le *principe parfait* ou lumineux, et le *Yn* le *principe imparfait* ou obscur. Le *Taï-Ki*, *grand axe*, c'est, selon les commentateurs, la matière première, le chaos de tous les rudimens élémentaires. C'est aussi une mer immense et profonde qui se divise en deux plus petites dans le *Yn* et le *Yang*, d'où sont sortis tous les êtres.

Nous voyons que les Chinois ne se sont pas élevés dans leur conception des deux principes (si toutefois elle leur appartient, ce qui est très-douteux) au spiritualisme des *Védas*. Ce sont les deux principes matériels de *Kapila*, que les Chinois ne savent trop com-

---

1. Dans son Commentaire sur le *Tchoung-Young*, de Confucius. —
2. 易經 — 3. 伏羲 — 4. 太極

ment expliquer, parce qu'ils ne tiennent pas chez eux à un système complet de théologie ou de philosophie.

Les caractères *tchoung tching khi* [1] signifient sans doute les rudimens élémentaires et vitaux de la création. *Khi* est le principe matériel des choses; les deux *khi*, selon les Chinois, sont les deux premiers principes matériels des choses; le *Yn* et le *Yang*. Ce caractère est d'autant plus difficile à traduire exactement, qu'il est plus vague même dans l'esprit des Chinois. Il est représenté dans le *Choué–wen*, Dictionnaire des caractères antiques, par le soleil d'où s'échappent des traits ondulés [2]; ce qui signifie vapeur, air, souffle. Au 3e chapitre de son livre (chap. d'ailleurs très-obscur), Mencius l'emploie comme signifiant l'esprit vital de l'homme, inférieur à son principe intelligent; c'est le souffle, l'esprit, la vie organique qui anime le corps et qui donne naissance aux actes de force et d'énergie vitales. Mais, dans l'emploi qui en est fait ici, avec les épithètes de *tchoung, grave, lourd;* de *tching, droit, véritable,* il exprime les principes des choses énumérées dans la philosophie *Sânkhya*, de la manière suivante: « 4. — 8. Cinq » particules subtiles, rudimens ou atômes, nommés *tanmâtra* [3], per- » ceptibles pour les êtres d'un ordre supérieur; mais *incompris,* » *insaisis* par les sens grossiers des hommes, dérivés de la conscience » principe (le premier être) et eux-mêmes productifs des cinq grands » élémens : la terre, l'eau, le feu, l'air et l'espace. » (*Colebrooke, on the philos. of the Hindous.*, part. 1.)

Les caractères du texte *moung* [4], petite pluie, brouillard, et *hing* [5], débordement des grandes eaux, expriment admirablement le *rudis indigestaque moles* d'Ovide; cette confusion primitive des élémens appelée *Chaos*. Le grand débordement des eaux qui se précipitent dans le vide mystérieux et incompréhensible de l'infinitude (*miao* [6]) rappelle ce passage du noir *Yadjour–Véda*, cité par Colebrooke :

« Seules les eaux existaient; l'univers n'était qu'eaux dans son » origine. Le maître de la création s'étant transformé en air vital » (*khi* [7]), vint à se mouvoir dans cet amas d'eaux. » Dans la cosmogonie de *Manou*, ce sont les eaux qui sont les premières créées : « Il créa les eaux au commencement [8]. » La matière première,.

---

1. 重正氣 — 2. ⊙ — 3. तन्मात्र. — 4. 濛 -5. 涛 — 6. 杳 — 7. 氣 — 8. अप एव ससर्ज आदौ.

ming hing, représentée en chinois par la clef des eaux, est sans
doute le *Bhoûtagrâmas* [1], *elementorum compages*, rudimens ou matière élémentaire du *Bhagavad-Guîtâ*. Le grand Dieu de l'Inde, *Ta-
fan* [2] est la traduction chinoise, dans le vocabulaire pentaglotte
bouddique, de *Mahâ-Brahmâ* [3], *grand Brahmâ*, celui qui est décrit
dans la cosmogonie de Manou comme l'auteur de la création rudimentaire et de toutes les formes vitales. Il est représenté solitaire
dans un vide spacieux et sans clarté; *liao kouo ovou kouang* [4]. Il possède comme Brahmâ le *tamagounâ* [5], la *qualité de l'obscurité* qui,
selon les *Védas* et *Manou*, est la première qualité des choses. Le
vide qui *existe par lui-même*, *koung tseu jan* [6], est le *svayambhou-
shounyatâ* [7], un des noms du *vide*. L'incompréhensible *rien* ou *non-
être* (*miao ovou* [8]); l'être suprême (*Chang-ti* [9]); l'être existant par
lui-même (*tseu jan* [10]); l'être primordial et préexistant (*youan-tchi* [11])
sont des expressions identiques à l'*a-sat* [12], non-être ou non-entité;
au *mahésvara* [13], *magnus dominus*; au *svayambhoû* [14]; au *prabhou* [15];
à l'*adhibhoûta* [16], etc., et à mille autres noms que présentent les livres sanskrits.

TEXTE.

« Après avoir passé neuf cent quatre-vingt-dix-neuf
» milliards neuf cent quatre-vingt-dix millions de créa-
» tions et d'annihilations (ou de *kalpas*), il y eut une con-
» densation (une combinaison) d'un million d'élémens
» matériels, ou de rudimens élémentaires d'air subtil, qui
» ont donné naissance par transformation à l'incompréhen-

1. भूतग्रामस्. — 2. 大梵 — 3. मद्दाब्रह्मा. —
4. 寥廓無光 — 5. तमगुणा — 6. 空
自然 — 7. स्वयभुशुन्यता. — 8. 妙無 —
9. 上帝 — 10. 自然 — 11. 元始
— 12. असत्. — 13. मदेश्वर. — 14. स्वयम्भू. — 15. प्रभु. —
16. अधिभूत.

» sible *Entité* (*Yeou* [1]), au saint prince qui s'est appelé
» lui-même l'*incompréhensible Entité*, le grand empereur,
» le monarque du vide, l'étoile du matin précieuse comme
» le jaspe, le prince du grand *Tao*, qui s'appelle encore
» l'homme sublime, précieux et vénérable. »

NOTES.

On reconnaît facilement dans ce paragraphe les dogmes des Indiens sur les créations et les annihilations successives des mondes, et les périodes merveilleuses qu'ils nomment *kalpa* [2], tems qui embrasse un jour et une nuit de *Brahma*, porté, selon les uns, à quatre milliards trois cent vingt millions d'années humaines, et selon d'autres à quatre cent trente-deux millions seulement, durée des quatre *youga* [3] ou âges du monde.

L'incompréhensible *Entité*, *miao yeou* [4], opposée au *miao wou* [5], incompréhensible *non—Entité* du paragraphe précédent, désignent indubitablement le *sat* et l'*a-sat* des *Védas* déjà cités. Le *Bhagavad-Guîtâ* (lect. II, sl. 37 et 38) décrit ainsi l'Être suprême :

अनन्त देवेश जगन्निवास वमन्तरं सद् असत् तत्परं यत्॥

वम् आदिदेवः पुरुषः पुराणास् वमस्य विश्वस्य परं निधानं

« O être-infini ! souverain des dieux ! habitation du monde ! tu es
» immortel, impérissable ! tu es le *sat* (l'*entité*) et l'*a-sat* (la *non-
» entité*), ce qui pénètre [la région] la plus élevée ;

» Tu es l'*âdidéva* (le dieu au-dessus des dieux), l'antique *Pou-
» roucha !* tu es le suprême trésor de ce monde. »

Le monarque du vide, *hiu hoang* [6], est une expression souvent employée par *Lao-tseu* et ses commentateurs ; c'est le roi ou l'*esprit de la vallée*, du grand espace vide. Le caractère *kie* [7] est aussi employé par les Bouddhistes pour désigner les *kalpas* [8] indiens. Le prince du grand *Tao* ; *Ta Tao kiun* [9], est une épithète qui désigne *Lao-tseu* lui-même, le fondateur, en Chine, de la doctrine du *Tao*, divinisé par ses sectateurs.

---

1. 有 — 2. कल्प. — 3. युग. — 4. 妙有 —
5. 妙無 — 6. 虛皇 — 7. 刦 — 8. कल्प.
— 9. 大道君.

TEXTE.

« Après quatre-vingts milliards huit cent quatre-vingt-
» huit millions de créations et d'annihilations (ou de *kalpas*
» *kie* [1], âge du monde), il y eut une combinaison d'un
» million d'élémens d'air subtil (*khi* [2]) du *Tao* rudimen-
» taire qui se sont transformés dans le saint prince de la
» matière première (ou du chaos). Les mémoires lui don-
» nent le surnom de suprême, véritable et grand empe-
» reur; de noir, primordial et vénérable prince des dix
» mille transformations de la matière première ; surnommé
» encore le génie précieux, l'homme vénérable. »

經八億八千八
百八十億刧次
結百千萬重道
氣化生混沌聖
君紀號至眞大
帝萬變混沌玄
元老君一號神
寶丈人

NOTES.

Tout ce paragraphe est très-obscur; le commencement trouve son
explication dans la note précédente. *Tchoung Tao khi* [3] ne nous
semble pouvoir signifier que *les élémens d'air subtil (khi) du Tao*

---

1. 刧 — 2. 氣 — 3. 重道氣 ₒ

rudimentaire, du *Tao cosmogonique, transformés dans le saint prince de la matière première ou du chaos ; hoa seng hoen tun ching kiun* [1]. Ces élémens d'air subtils du *Tao* rudimentaire ou du *Tao* cosmogonique, transformés dans le saint prince de la matière première, désignent évidemment *Brahmá* [2], la puissance ou l'énergie créatrice de *Brahma* [3] (l'être primordial et préexistant), celui qui, dans la cosmogonie de Manou, promène l'esprit de vie, les émanations vitales sur la masse obscure et inerte du chaos. Les caractères *hoen tun* [4] signifient, selon les dictionnaires chinois, la *matière première* avant qu'elle ait été revêtue de formes et divisée dans les deux premiers principes *Yn* [5] et *Yang* [6]. Cette matière première, ce chaos ténébreux de rudimens élémentaires, sont les matériaux bruts des créations successives, selon l'opinion des Indiens, et à l'état desquels retournent tous les êtres, après chaque annihilation individuelle ; ces transformations périodiques se trouvent expliquées dans ces deux *slokas* du *Bhagavad-Guîtâ* :

सर्वभूतानि कौन्तेय प्रकृतिं यान्ति मामकीं ।

कल्पक्षये पुनस् तानि कल्पादौ विसृजाम्यहं ॥

प्रकृतिं स्वां अवष्टभ्य विसृजामि पुनः पुनः ।

भूतग्राममिमं कृत्स्नमवशं प्रकृतेर्वशात् ॥

« Tous les êtres, ô fils de *Kounti!* rentrent dans ma nature à la
» fin d'un *Kalpa*, et je les reproduis de nouveau au commencement
» d'un *Kalpa*;
» Commandant à ma nature, j'émets de nouveau, et encore de
» nouveau, une création universelle d'êtres devenue nécessaire par
» la force imprimée à *Prakriti*. » (Lect. 9, sl. 7, 8.); et ailleurs
(lect. 8, sl. 17 et sqq.) :

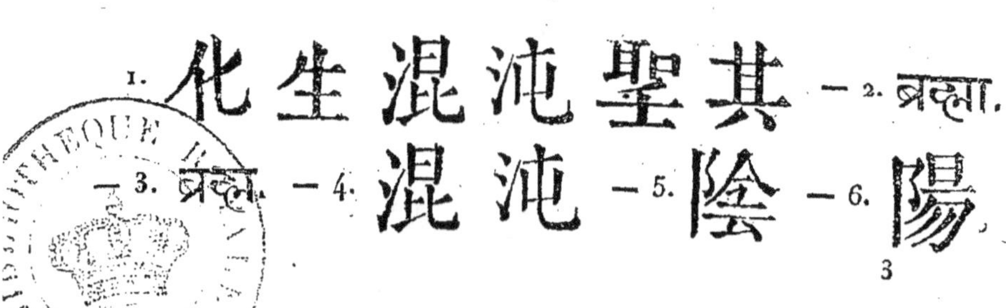

सहस्रयुगपर्यन्तमहर्यद्ब्रह्मणो विदुः ।

रात्रिं युगसहस्रान्तां तेऽहोरात्रविदो जनाः ॥

अव्यक्ताद्व्यक्तयः सर्वाः प्रभवन्त्यहरागमे ।

रात्र्यागमे प्रलीयन्ते तत्रैवाव्यक्तसंज्ञके ॥

भूतग्रामः स एवायं भूत्वा भूत्वा प्रलीयते ।

रात्र्यागमेऽवशः पार्थ प्रभवत्यहरागमे ॥

परस्तस्मात्तु भावोऽन्योऽव्यक्तो व्यक्तात्सनातनः ।

यः स सर्वेषु भूतेषु नश्यत्सु न विनश्यति ॥

« Ceux qui connaissent le jour de Brahma, composé de mille
» *yougas*, et sa nuit formée pareillement de mille *yougas*, ceux-là
» connaissent le jour et la nuit de Brahma.

» D'invisibles toutes les choses deviennent visibles à l'approche
» de *ce jour;* à l'approche de *cette nuit*, elles se dissolvent dans
» l'invisible. La masse des êtres mêmes (l'univers), après avoir
» existé, est dissoute à l'approche de la *nuit* (de Brahma); mais,
» ô fils de *Pritha!* cette masse d'êtres est involontairement repro-
» duite à l'approche du *jour*. Différente de cette nature visible, il
» existe une autre nature invisible, éternelle, et cette nature ne périt
» pas, tandis que tous les êtres périssent. »

Le *jour* et la *nuit* de Brahma, formés chacun de mille *yougas* ou
révolutions de *yougas*, équivalent aux *kalpas* précédens : mille
yougas composent un *kalpa*.

TEXTE.

« Quoique dans des âges successifs, *Lao-kiun* ait
» transformé sa personne, il n'y a eu pour lui aucun jour
» de naissance. »

NOTES.

C'est la doctrine toute pure du *Bhagavad-Guîtâ* :

बहूनि मे व्यतीतानि जन्मानि तव चार्जुन ।

तान्यहं वेद सर्वाणि न त्वं वेत्थ परंतप ॥

संज्ञो ऽपि सन्नव्ययात्मा भूतानामीश्वरो ऽपि सन् ।
प्रकृतिं स्वां अधिष्ठाय संभवाम्यात्ममायया ॥

« J'ai déjà subi un grand nombre de naissances, ainsi que toi, ô
» *Ardjouna!* Ces naissances, je les connais toutes; mais toi, tu ne
» les connais pas, vainqueur des ennemis! Quoique je ne sois pas
» produit, que je ne sois pas sujet à la mort, quoiqu'étant le maître
» des êtres existans ;

» Commandant à ma nature, je me donne une naissance nouvelle
» par la vertu mystérieuse de ma puissance. » (Lect. 4, sl. 56.)

TEXTE.

« Arrivé au règne du dix-huitième empereur Yang-kia,
» de la dynastie Chang [1], son esprit se transforma, et son
» corps d'élémens subtils s'incarna dans le sein d'une vierge
» bleue (ou noire) merveilleuse et belle comme le jaspe,
» (*Hiouan-miao-iu-niu* [2]), où il demeura en conception
» quatre-vingt-et-un ans, jusqu'au tems de *Wou-ting*,
» le vingt-deuxième roi (de la même dynastie); l'année du
» cycle *keng-chin* [3], le quinzième jour du deuxième mois,
» à l'heure *mao* [4] (entre cinq et sept heures du matin).
» Il naquit à l'endroit nommé *Khiou-jin*, près du village
» de *Laï*, district de *Kou*, dans le royaume de *Tsou*. Son
» nom de famille fut *Li*, son prénom *Eul* [5], son titre *Pe-
» yang* [6], son nom posthume *Tan*. Il a laissé un ouvrage

---

1. *Yang-kia* est le 16ᵉ Empereur de cette dynastie, selon quelques historiens, il régnait près de 1400 ans avant notre ère. — 2. 玄妙
玉女 —3. 庚辰 —4. *Wou-ting* serait le 20ᵉ Roi. Cette
année correspond à l'année 1301 avant notre ère. —5. 卯 — 6. 耳
—7. 伯陽

» en deux parties intitulé *Tao-te-king* [1], le livre de la
» Raison et de la Vertu, (ou *de la puissance du Tao*). »

NOTES.

Il est impossible de ne pas reconnaître ici un *avatâra* [2] ou incarnation, si fréquente dans les croyances de l'Inde, et attribuée à *Lao-tscu* par ses sectateurs. D'ailleurs, cette légende ressemble beaucoup à celles de *Fo* [3] ou *Bouddha*, avec lequel certains commentateurs de *Lao-tseu* l'ont identifié.

TEXTE.

La sainte Notice (ou Légende) sur Lao-kiun fait encore observer que *Taï-chang-Lao-kiun*, le vieux prince très-sublime, habitait le palais de la suprême pureté ; c'est-à-dire qu'il fut le grand ancêtre (*pradjâpati* [4]) des élémens subtils et primordiaux (de la création) ; le fondement de la terre et du ciel illustre. Il prit racine dans le sein du suprême repos et du suprême vide, avant le grand principe (*taï-tsou* [5]) et la grande origine (*taï-tchi* [6], le suprême Commencement). Ce fut lui, lui seul qui, du haut de son faîte impérial (*iu-ki* [7]) dispersa dans l'espace les élémens d'air subtils (*d'air vital ; khi* [8]), et rendit l'éther transparent. Il étendit et transforma le ciel et la terre, afin d'opérer des créations et des annihilations de formes dans des séries de périodes incalculables. Il transforma sa personne (c'est-à-dire qu'il se revêtit d'un corps mortel, *khi-hoa-chin* [9]) et accomplit toutes les destinées de ce monde de boue et de poussière ; il ne ressemblait point à la foule des

---

1. 道 德 經 — 2. अवतार. — 3. 佛 —
4. प्रजपति. — 5. 太 初 — 6. 太 始 —
7. 御 極 — 8. 氣 — 9. 君 化 身

hommes parmi lesquels il était compté, (*i-feï-teng-sou*[1]). La Légende dit aussi qu'il parut dans le monde comme un grand sage ; qu'il observa le bon et le mauvais des générations successives, et établit sa doctrine selon les tems. Il fut le grand instituteur des générations (*taï weï ti sse*[2] : il fut *l'impérial* instituteur des générations), et établit avec mesure sa doctrine. Elle atteignit aux neuf cieux ! et s'étendit aux quatre mers ! Depuis le tems des trois rois, tous les empereurs et les rois des générations successives lui ont été soumis et ont reçu sa doctrine.

Par là on sait qu'au-dessus du ciel et au-dessous du ciel tous les êtres qui existent dans les énergies (ou élémens d'air subtils) du *Tao*[3], sont des transformations de *Lao-kiun*.

Il promulgua un million de fois ses doctrines, et il n'y avait personne qui n'obtînt son salut et sa délivrance ; et cependant les hommes (*Pe seng*[4], les cent familles, tout l'empire chinois) ne connaissaient pas ce dont ils usaient journellement.

Lao-tseu a dit : J'étais né avant la manifestation d'aucune forme corporelle. J'apparus avant le suprême Commencement. J'agis à l'origine de la matière simple et inorganisée. J'étais présent au développement de la grande masse première, et je me mouvais au milieu de l'espace vide. Je suis entré et je suis sorti par les portes de l'immensité mystérieuse de l'espace (*tchu ji miao ming tchi men*[5]). C'est pourquoi *Ko-hiouan*, dans sa préface du

---

1. 亦非等數師 — 2. 代爲帝 — 3. 道氣 — 4. 百姓 — 5. 出入杳冥之門.

Tao-te-king, dit : *Lao-tseu* était existant par lui-même, (*Lao-tseu pen tseu jan* [1]), et il était déjà produit avant le grand *Rien* (la *grande non-Entité*) : *eul jan seng heou taï wou tchi sian* [2]. Il apparut avant l'existence de toutes causes et de tout commencement. Il traversa l'origine et la fin du ciel et de la terre. Il ne peut être ni exprimé, ni contenu.

Il dit encore : Les générations racontent que *Lao-tseu* apparut au tems de *Yn*. Le surnom de *Lao-tseu* a commencé dans l'accomplissement d'innombrables *kie* ou *kalpas* (âges du monde), au sein du chaos mystérieux dans des tems extrêmement éloignés, avant le développement et l'organisation des choses. Il descendit de nouveau (*Lao-tseu*) pour être l'instituteur des Empereurs (ou l'impérial instituteur) pendant des générations successives sans discontinuer ses enseignemens. L'homme ne peut le connaître.

NOTES.

Ce passage obscur et difficile, surtout dans l'édition non-ponctuée, fautive et sans commentaires du texte chinois que nous avons eue sous les yeux, rappelle encore l'Inde avec ses *avatars* ou les incarnations successives de ses dieux. *Vichnou* a déjà eu neuf incarnations, et les sectateurs de *Bouddha* lui en attribuent aussi un grand nombre. Il n'est pas étonnant que ceux de *Lao-tseu* aient voulu donner aussi une sanction divine à sa doctrine, en le divinisant et en le faisant descendre du ciel pour instruire et sauver les hommes. Cette consécration est celle de tous les sectaires, depuis ceux de Zoroastre jusqu'à ceux de Mohammed. Nous la voyons même se renouveler de nos jours.

La confusion et les redites qui se montrent dans cette notice sur *Lao-tseu* et sa doctrine ne peuvent infirmer les rapports frappans

---

1. 老 子 本 自 然 生 乎 太 無 之 先 — 2. 而 然

d'identité que nous avons fait ressortir par la comparaison du texte chinois avec des textes indiens. Cette Notice n'est point une œuvre critique et rationnelle sur *Lao-tseu*; c'est, comme le dit l'auteur dans sa préface, une espèce de recueil de Légendes, de traditions populaires sur le fondateur de la doctrine du *Tao*, et c'est en cela, selon nous, que cette Notice ou cette Légende complexe en est plus précieuse, parce que l'on peut mieux y découvrir le sens antique et primitif, que les écrivains ou commentateurs modernes ont presque tous altéré et n'ont pas ou mal compris.

TEXTE.

Je remarque encore que les mémoires sur *Lao-tseu* disent : Depuis le développement du ciel et de la terre, avant et jusqu'au tems du roi *Tang*, de la dynastie *Yn*, il fut l'instituteur de tous les rois, après avoir transformé sa personne et être descendu dans le siècle.

Pendant la dix-septième année du règne du roi *Tang*, de la dynastie *Yn*, du cycle *Kia-tseu*, l'année *Keng-chin*, il commença à révéler les mystères de sa naissance. Du lieu de la grande pureté (*taï thsing* [1]) et de la constante raison (*tchang tao* [2]); il reçut du grand mâle (*ta yang* [3]) l'essence du soleil (*ji thsing* [4]) transformée dans les cinq couleurs primitives, et en forma un globe de la grandeur d'une bulle. En ce tems-là, *iu niu* (la vierge précieuse comme la perle) dormait à l'heure de midi; elle reçut la bulle de l'essence du soleil dans la bouche et l'avala. Alors elle conçut et fut enceinte pendant quatre-vingt-et-un ans, jusqu'à la neuvième année du règne de *Wou-ting*, du cycle *Keng-chin*, où la vierge, belle comme le jaspe, mit au monde, par le côté gauche, un enfant à la tête blanche, surnommé *Lao-tseu* [5], vieillard enfant. Il naquit sous

---

1. 太清 — 2. 常道 — 3. 大陽 — 4. 日精 — 5. 老子

un arbre nommé *Li*, et, en montrant cet arbre de la main, il dit : « Voilà mon nom de famille! » Son petit nom fut *Eul*, et son titre *Pe yang*.

Depuis la neuvième année du règne de *Wou-ting*, de la dynastie *Yn*, du cycle *Keng-chin*, jusqu'à la neuvième année du règne de *Tchao-wang* [1], du royaume de *Tsin*, il demeura dans le monde; ensuite il se retira à l'occident sur le mont *Kouen-lun*, où il passa neuf cent quatre-vingt-seize ans.

NOTES.

Cette nouvelle légende ou cette nouvelle version sur la naissance et la vie de *Lao-tseu* est encore purement indienne; le merveilleux y domine. C'est presque une chronique de *Bouddha* appliquée à *Lao-tseu*. La tradition du voyage de ce philosophe, et sa retraite au-delà des frontières occidentales de la Chine, tradition qui repose sur un fait historique, donne une grande vraisemblance à l'opinion qui lui ferait emprunter ses doctrines, ou une partie de ses doctrines à une croyance ou à une secte philosophique de l'Inde. La montagne *Kouen lun*, située à l'occident de la Chine et au nord du Thibet, pourrait faire supposer que c'est dans ce dernier pays, et non dans l'Inde, que *Lao-tseu* aurait voyagé et puisé ses doctrines; mais on sait que le Thibet, bien que peu connu, n'a de croyances que celles de l'Inde, où le bouddhisme a pris naissance. La littérature immense, dit-on, de ce peuple qui a connu l'imprimerie depuis un tems immémorial, nous révélera peut-être un jour des faits nouveaux. En outre, on ne pourrait pas conclure à la rigueur de l'assertion de la notice, que *Lao-tseu* eût voyagé précisément dans les montagnes *Kouen-lun*, du nord du Thibet. Il y a seulement un fait qui paraît certain, c'est son voyage au-delà des frontières occidentales de la Chine. Il n'a pu manquer d'aller dans l'Inde, qui était alors le pays le plus merveilleux et le plus civilisé de la Haute-Asie.

TEXTE.

« L'ouvrage de *Li-chi-so*, nommé *Po-we-chi*, (histoire » des choses extraordinaires), dit : « La troisième année » *Wou-te*, du règne de *Kao-tsou* [2], de la dynastie *Tang*,

---

1. Il vivait 991 ans avant Jésus-Christ. — 2. Il vivait l'année 630 de notre ère.

» un homme de *Tsin-cheou*, nommé *Chen-hing*, vivait sur
» la montagne *Yang-kio* (montagne aux éclairs), couvert
» de blancs vêtemens. Un vieillard appela *Chen-hing* (celui
» qui marche dans la vertu), et lui parla ainsi : Va de
» ma part parler à l'empereur *Tang* [1], et dis-lui : Je suis
» *Lao-kiun*, votre grand ancêtre. » C'est par suite de cet
avis que *Kao-tsou* éleva des temples [à *Lao-tseu*]. *Kao-
tsoung*, son descendant, l'honora sous le nom de *noir et
primordial Empereur* (*hiouan-youan hoang-ti* [2]).

L'empereur *Ming* [3] écrivit un commentaire sur le livre
authentique nommé *Tao-te-king*. Dans ce tems-là, ce livre
était étudié dans les colléges des deux capitales (*Nan-
king* et *Pe-king*, ou la capitale du midi et la capitale du
nord). Toutes les villes du second ordre élevèrent des
temples au *noir et primordial empereur* (*hiouan-yuan-
hoang-ti*). Les instituteurs (*sse* [4]) des deux capitales nommèrent ces temples les palais (ou temples) de *l'Étre noir
et primordial* (*Hiouan-yuan-koung* [5]). Toutes les villes
du second ordre (les *Tchéou* [6]), les nommèrent *palais*
(ou temples) *du faîte impérial* (*tse-ki-koung* [7]) ; la capitale occidentale (*Nan-king*, *Nankin*) changea ce titre en
celui de *palais* (ou temples) *de la parfaite pureté* (*taï
thsing koung* [8]). La capitale orientale les appela *les palais*

---

1. *Kao-tsou*, le fondateur de la dynastie *Tang*, qui régnait au commencement du 7ᵉ siècle. — 2. 玄 元 皇 帝 — 3. L'Empereur
明 仁 宗 *Ming-jin-tsung*, qui régnait l'an 1425 de notre ère,
de la dynastie *Ming*. — 4. 師 — 5. 玄 元 宮 —
6. 州 7. — 紫 極 宮 — 8. 太 清 宮

(ou temples) *du grand subtil (taï weï koung* [1]). Il y avait de jeunes élèves attachés à chaque temple, qui honoraient *Lao-kiun* en lui donnant pour titre :

« Le grand et saint ancêtre (*ta ching tsou* [2]);

» Le haut et très-sublime *Tao* (*kao chang ta Tao* [3]);

» L'être noir et primordial du temple d'or (*kin kioue hiouan youan* [4]);

» Le monarque du ciel (*thien hoang* [5]);

» Le grand empereur (*ta ti* [6]). »

Le livre de *Tchao-hoeï* (ou le livre *Tchao hoeï*), du royaume de *Soung*, remarque que l'Empereur *Tching-tsoung*, de la dynastie *Soung*, la sixième année de son règne, nommée *taï-ping-tsian-fou* (l'année de la parfaite égalité et des heureux présages), le onzième jour du hui-tième mois, prononça, avec un religieux respect, ces surnoms honorables (titres qualificatifs), en disant :

« Le très-sublime *Lao-kiun*, l'origine de la matière » première [ou du chaos]; le très-vertueux empereur et » roi. »

L'empereur *Jin-tsung*, de la dynastie *Sung*, le célébra et l'exalta ainsi :

« Qu'il est resplendissant, le suprême *Tao* !

» Non-agissant, existant par lui-même !

» Le commencement et la fin des créations et des anni-» hilations !

» Qui a précédé le ciel et la terre !

» Que la lumière et la gloire environnent !

---

1. 太徽宮 — 2. 大聖祖 —
3. 高上大道 — 4. 金闕元玄
— 5. 天皇 — 6. 大帝。

» Éternel pendant une durée sans fin de créations et
» d'annihilations !

» A l'orient, il enseigna notre maître *Ni* (Confucius) !

» A l'occident, il transforma les immortels esprits !

» Cent rois ont accueilli sa doctrine !

» Les saints et les sages ont propagé ses enseignemens !

» Il est l'ancêtre de toutes les doctrines (ou religions) !

» Il est le *noir*, le profond, l'incompréhensible *noir* ! »

On voit, par la Notice qui précéde, que la doctrine de
Lao-tseu a eu des époques brillantes en Chine, surtout
pendant le règne des premiers Empereurs de la dynastie *Tang*, et sous celui de l'empereur *Ming*, durant
lequel la doctrine de *Lao-tseu* fut tellement honorée,
qu'on lui éleva des temples dans tout l'Empire ; on expliquait le *Tao-te king* dans les colléges, et des professeurs enseignaient sa doctrine. La secte de Confucius ou
des lettrés a reconquis depuis sa suprématie exclusive ;
ses sectateurs occupent seuls aujourd'hui tous les emplois
publics de la Chine, et la secte des *Tao-sse* ou docteurs
du *Tao*, de la raison, sont regardés par eux comme des
jongleurs, et ce mépris pour la doctrine de *Lao-tseu* est
enseigné publiquement dans les colléges et autres écoles
de l'Empire. La dégradation morale et physique où sont
descendus, dit-on, les *Lao-sse* [1] ou *Tao-tchang* [2], prêtres
supérieurs de la doctrine de *Lao-tseu*, et les *Tao-sse* [3],
prêtres inférieurs, n'ont pas peu contribué à la déconsidération de cette philosophie primitive dans l'esprit des
lettrés ou hommes instruits de la Chine, tandis que les
superstitions et les pratiques dégradantes d'un culte corrompu et étranger à la doctrine primitive, ont attiré à

[1] 老師 — [2] 道長 — [3] 道士。

elles la population inéclairée et grossière, qui ne comprend, dans une doctrine élevée, que ce qu'il y a de moins raisonnable, et qui en dénature tous les symboles.

La prière de l'empereur *Jin-tsung* semble copiée des *Védas*. L'expression *wou wei tseu jan* [1], que nous avons rendue par *non-agissant, existant par lui-même*, désigne l'état de *nivritti* [2], de cessation de mouvement, de repos éternel et suprême, auquel on parvient par la méditation, en opposition à *pravritti* [3], action, mouvement (d'un homme livré aux illusions corporelles du monde, état matériel de cette vie, etc.) *Le commencement et la fin des créations et des annihilations*; il y a dans le texte : *Le commencement des kie* [4] ou *kalpas* [5], *la fin des kie* ou *kalpas*. On sait que ce sont les âges du monde des Indiens.

Cette Notice, ou plutôt ce recueil de Légendes que l'on vient de lire sur *Lao-tseu*, et où ce personnage est déifié et regardé comme une incarnation du grand Être, de l'Être primordial, noir, merveilleux et incompréhensible (*Adhi-Bouddha* chez les Bouddhistes, *Adhyatma, Adhidéva, Krichna*, chez les Vichnouistes), semblent démontrer jusqu'à l'évidence que la doctrine de *Lao-tseu*, chez ses sectateurs, est toute empreinte des idées philosophiques de l'Inde.

Il est assimilé par eux à un *Bouddha* antérieur à celui dont la doctrine est répandue à la Chine. Ce fait établi que les sectateurs de *Lao-tseu* ont fait de leur maître une *incarnation divine*, croyance tout-à-fait étrangère à la Chine, et de sa doctrine, une doctrine indienne qui paraît avoir beaucoup de rapport avec le yoguisme sânkya de Patandjali (*Pâtandjalasankhyayoga* [6]) et avec les doctrines éclectiques du Bhagavad-Guîtâ; il resterait à

---

1. 無 爲 自 然 — 2. निवृत्ति — 3. प्रवृत्ति — 4. 刧 — 5. कल्प — 6. पातञ्जलसांख्ययोग.

rechercher si le *Tao-te-king*, ouvrage authentique de *Lao-tseu*, renferme les mêmes doctrines et les mêmes idées. C'est la question principale, et de sa solution dépend celle peut-être de toute la philosophie orientale.

Le Mémoire que M. Abel Rémusat a consacré à l'examen des doctrines de *Lao-tseu*, rendrait téméraire la tentative de cette solution, si lui-même n'avait pas admis que l'on pouvait reconnaître, dans le livre de ce philosophe, quelques vestiges des idées indiennes. La conformité frappante des opinions de *Lao-tseu* avec celles de quelques philosophes grecs, ne serait pas une raison suffisante pour croire que cette conformité ne pût également exister avec celles de quelques philosophes indiens, et l'on pourrait toujours rechercher, avec quelque apparence de succès, si la philosophie indienne n'est pas la source de la philosophie de *Lao-tseu* et même de la philosophie hellénique. On se bornera à remarquer ici que le dogme des *deux principes* créateurs, développé au commencement de ce Mémoire, se retrouve dans le *Tao-te-king*. Voici comment il s'exprime dans le 6ᵉ chapitre, intitulé *Tching-siang* [1], IMAGE DU PARFAIT :

谷神不死是謂玄牝玄牝之門是謂天地根綿綿若存用之不勤。

---

1. 成象。

« Le génie de la vallée (du vide) ne meurt point ;
» *Glose* : L'intelligence du vide ne s'éteint point.)

» C'est pourquoi il est nommé la femelle primordiale
» [*hiouan pin*, *femelle bleue* [1], noire, couleur du ciel,
» dont l'origine se perd dans la nuit des tems ?] ;
» *Glose* : Un *Yn* et un *Yang*.

» La femelle primordiale (ou noire) est la porte [*ou*
» l'origine de toutes choses*] ;
» *Glose* : C'est le principe de la pensée intelligente et du mouvement.

» Elle est nommée la racine [l'origine] du ciel et de
» la terre ;
» *Glose* : La respiration exprimée est la racine [l'origine] du ciel ;
l'aspiration supprimée est le principe de la terre [2].

» Elle a conservé sans interruption son existence ;
» *Glose* : Sa fertilité ne s'est point épuisée.

» L'usage de sa faculté créatrice s'exerce sans efforts ;
» *Glose* : Dans le vide elle n'a point d'usage. »

Ce passage très-obscur, et qui n'a pas encore été traduit, rappelle le principe fécondant de la création, dans les *Védas*, et dans la cosmogonie de *Manou*, nommé *Brahmâ* [3], énergie femelle de *Brahma* [4], l'être primordial, avant qu'elle se soit divisée dans les deux principes prototypes du monde, *Pouroucha* et *Prakriti* ; c'est le *bhoûta-yôni* [5] des *Védas*, de la philosophie *Védânta*, du *Bhagavad-Guîtâ*, qui signifie la source, la matrice invisible et

---

1. 玄牝 — 2. Voici cette glose très-obscure : *Hou tsieï thien ken, Hi pa thi ki.* Peut-être signifie-t-elle : « La *respiration*, ou *l'expiration* » est l'origine du ciel ; *l'aspiration* ou *l'inspiration* est le principe de la terre.» Serait-ce l'expression des deux lois physiques d'*impulsion* et de *répulsion* découvertes par Newton, ou l'influence active du ciel intelligent et sidéral sur la terre ? et le mouvement d'expiration de la terre vers le ciel ? Ou plutôt ne serait-ce pas le yoguisme indien décrit dans le *Bhagavad-Guîtâ*, supprimant sa *respiration* et son *expiration* pour obtenir sa délivrance ? — 3. ब्रह्मा. —

4. ब्रह्म. — 5. भूतयोनि.

imperceptible de tous les êtres. *Krichna*, dans le *Bhaga-vad-Guîtâ*, dit que Brahma, le grand Brahma, est sa *yóni*, sa *grande yóni* (magna matrix [1] : lect. 14, sl. 3 et 4), enfin, le *Yn* et le *Yang* confondus, et qu'exprime très-distinctement cet autre chapitre du *Tao-te-king* (le 42ᵉ) :

« Le *Tao* a produit *un* (le premier archétype, la femelle primordiale) ; le *un* (ou la femelle primordiale) a produit *deux* (les deux principes prototypes, le *Yn* [2] et le *Yang* [3], *Prakriti* [4] et *Pouroucha* [5]) ; *deux* ont produit *trois* (l'union du *Yn* et du *Yang* a produit un *troisième* être qui est *ho* [6], l'harmonie, la perfection des choses, l'*esprit vivifiant*), et ces *trois* [êtres] ont produit toutes choses. » La glose s'accorde avec l'interprétation que nous venons de donner de ce passage ; car elle dit : « Le *vide* (synonyme, dans la » glose, du *Tao*) a produit *un élément d'air subtil* (*y* » *khi* [7]) ; cet *élément d'air subtil* s'est divisé en *Yn* et » *Yang* [= *deux*] ; le *Yn* et le *Yang* avec la *perfection* » [= *trois*] forment les *trois tsaï* ou les *trois énergies* ; les » *trois* énergies ont produit toutes choses [8]. »

Le *Tao-te-king* continue :

« Toutes choses [ou l'univers] reposent sur le *Yn* [le » principe femelle] et embrassent le *Yang* [le principe » mâle] ; l'élément d'air subtil [ou l'esprit vital] échauffé » [fécondé] produit l'union ou l'harmonie. »

Un autre passage de *Lao-tseu*, où le *dogme* de l'*unité-trine*, de la *triade* symbolique, est expliqué, nous semble une conception tellement indienne, que, malgré les diverses interprétations auxquelles il a déjà donné lieu,

---

1. मम योनिर्मंहद्ब्रह्म । ब्रह्म महद्योनिः । — 2. 陰 — 3. 陽 — 4. प्रकृति. — 5. पुरुष. — 6. 和 — 7. 一氣. — 8. Voyez le *Mém.* de M. A. Rémusat, p. 31—33.

nous ne pouvons nous empêcher de lui donner une explication nouvelle. Voici le texte ; c'est le Chapitre intitulé *Tsan hiouan* [1], le NOIR DÉFINI [*des attributs de Krichna ?*]

   « Celui que l'on regarde et que l'on ne voit pas se
» nomme *I* [2] ; [*Glose :* La grande image sans figure]. Celui
» que l'on écoute et que l'on n'entend pas se nomme *Hi* [3] ;
» Celui que l'on cherche à toucher et que l'on ne peut
» saisir se nomme *Weï* [4]. Ce sont trois [choses] qui ne
» peuvent être expliquées ; c'est pourquoi c'est un chaos
» (*hoen* [5]), une confusion qui ne fait qu'*Un*. Le premier
» d'entre eux n'a pas plus d'éclat, le dernier n'est pas
» plus obscur ; c'est une chaîne [d'êtres] sans interrup-
» tion que l'on ne peut nommer. En remontant à son prin-
» cipe, c'est la non-existence des choses [c'est la *non-*
» *Entité*] ; c'est ce que l'on appelle forme sans forme
» [*littér.* forme de la non-forme] ; image de la non-image.
» C'est un [être] indéfinissable ; en remontant à son ori-
» gine, on ne lui voit point de commencement ; en le
» suivant [dans la suite des tems], on ne lui voit point
» de fin. Celui qui saisit [qui comprend] le *Tao* des
» anciens tems, pour apprécier les existences actuelles
» [les êtres qui existent], peut connaître l'ancien com-
» mencement [l'ancien principe]. C'est ce que l'on ap-
» pelle la chaîne du *Tao*. » (*Tao-te-king*, 14ᵉ chap. [6].)

   Il nous sera facile de reconnaître dans ce passage une tradition indienne ; mais avant, nous essaierons, tout en respectant l'autorité du savant auteur du Mémoire sur *Lao-tseu*, déjà cité, qui assure que les trois caractères *I*, *Hi* et *Weï*, n'ont aucun sens dans le texte, et qu'ils sont la transcription du mot *Jéhovah* יהוה ; nous essaierons de leur

---

1. 賛 玄 — 2. 夷 — 3. 希 — 4. 微 —

5. 混 — 6. Voir le texte et la traduct. de M. Rémusat dans son *Mém.* p. 41.

en trouver un sans forcer en rien leur signification naturelle. Le premier de ces trois caractères a, entre autres
significations, celles de *grand, d'étendu, de beau (magnum,
amplum, pulchrum.* Bas.), il est composé du radical de la
grandeur, de l'élévation, *ta* [1], et du radical *koung* [2], *arc,*
emblème de la force. Le second a, entre autres significations, celle de rare; et la réunion des deux caractères
I et *Hi* [3] signifie *une chose très-obscure ou très-subtile que
l'on ne peut saisir (Hi I, res valdè obscura vel subtilis,
quæ percipi nequit.* Basile D.) Le troisième caractère signifie *peu, petit, mince, subtil,* et il est employé avec
cette signification dans le *Tchoung-young,* où il est dit :
*Rien n'est évident en comparaison des choses cachées ; rien
n'est manifeste en comparaison des choses subtiles* [4]. Ainsi
donc, les trois premières phrases du paragraphe précédent
peuvent signifier naturellement :

« Cet Être, en tant qu'on le regarde et qu'on ne le voit
» pas, se nomme grand, élevé (invisible par son éléva-
» tion);

» Cet Être, en tant qu'on l'écoute et qu'on ne l'entend
» pas, se nomme rare, ténu [insonore par sa rarifica-
» tion];

» Cet Être, en tant qu'on cherche à le toucher et qu'on
» ne peut le saisir, se nomme subtil (intangible par sa
» subtilité, sa pénétration. »

Maintenant, si l'on veut chercher d'autres explications
à ces trois caractères, on peut en trouver de très-plau-
sibles dans les livres indiens.

« L'esprit qui ressemble à l'espace, dit le *Sânkya-sâra,*

---

1. 大 — 2. 弓 — 3. 夷希 — 4. 莫見乎隱莫顯乎微。

» est appelé *parama*[1], *très-élevé*; *paramâtma*[2], l'esprit très-
» élevé. *Pouroucha*[3], dit-il encore, ne peut être décrit,
» car il est *atomique* [*hi*[4], rare, en sanskrit *âkâsa*[5], *œther*]
» et *subtil*. L'esprit suprême, quoique le réceptacle de
» tous les êtres, est dit vide comme l'espace.

  » L'Être suprême, dit le *Védânta*, n'est pas compréhen-
» sible par la *vision* ni par *aucun autre organe des sens*. Il
» voit toutes choses, quoiqu'on *ne puisse le voir*; il entend
» toutes choses quoiqu'on *ne puisse jamais l'entendre*[6]! »

On lit dans le *Tchândôgya* (un *Oupanichad* des *Védas*) :
« *Lui*, qui est *sans forme* et *sans figure*, qui échappe à
» toute *description*, est l'Être suprême. »

Dans le *Kéna-oupanichad* du *Sâma-Véda*, il est dit :

यद् वाचान् अभ्युदितं येन वाग् अभ्युध्यते ।

तद् एव ब्रह्मवं विद्धि नेदं यद् इदं उपासते ॥ ४ ॥

यन् मनसा न मनुते येनाङ्कुर् मनो मतं ।

तद् एव ब्रह्मवं विद्धि नेदं यद् इदं उपासते ॥ ५ ॥

यच् चन्नुषा न पश्यति येन चन्नूंषि पश्यति ।

तद् एव ब्रह्मवं विद्धि नेदं यद् इदं उपासते ॥ ६ ॥

यत् श्रोत्रेण न शृणोति येन श्रोत्रं इदं श्रुतं ।

तद् एव ब्रह्मवं विद्धि नेदं यद् इदं उपासते ॥ ७ ॥

यत् प्राणोन न प्राणिति येन प्राणाः प्रणीयते ।

तद् एव ब्रह्मवं विद्धि नेदं यद् इदं उपासते ॥ ८ ॥

---

1. परम — 2. परमात्म — 3. पुरुष — 4. ह्रीँ — 5. आकाश

— 6. Translation of an abridgement of the Vedant, by Rammahun-Roy.

4. « Celui qui surpasse les paroles, [c'est-à-dire qu'aucune parole ne peut rendre, exprimer,] et par la puissance duquel la parole est exprimée ; saches, ô toi! [l'élève en théologie] que celui-là est la Divinité suprême, et non ces choses périssables (*idam*) que l'homme adore !

5. » Celui qui ne peut être compris par l'intelligence, et celui-là seul, est-il dit, par lequel la nature de l'intelligence peut être comprise ; saches, ô toi! que celui-là est la Divinité suprême, et non ces choses périssables que l'homme adore !

6. » Celui que l'on ne voit point par l'organe de la vision, et par la puissance duquel l'organe de la vision aperçoit les objets ; saches, ô toi! que celui-là est la Divinité suprême, et non ces choses périssables que l'homme adore !

7. » Celui que l'on n'entend point par l'organe de l'ouïe, et par la puissance duquel cet organe de l'ouïe entend ; saches, ô toi! que celui-là est la Divinité suprême, et non ces choses périssables que l'homme adore !

8. » Celui que l'on ne peut percevoir par l'organe de l'odorat (et du tact), et par la puissance duquel s'exerce cet organe ; saches, ô toi! que celui-là est la Divinité suprême, et non ces choses périssables que l'homme adore ! »

La ressemblance, on pourrait presque dire l'identité de ce passage du *Sâma-Véda*, avec le chapitre ci-dessus du *Tao-te-king*, est complète. Nous y ajouterons encore quelques citations :

On lit dans le *Bhagavad-Guîtâ* (lect. 13, sl. 15) :

सूद्मवात् तद् अविज्ञेयं दूरस्थं चान्तिके च तत् ।

« Par sa *subtilité* (*soûxmatvát*) l'Etre suprême (*tad*) est
» impossible à connaître, soit qu'il soit *loin*, soit qu'il
» soit en *face*. »

Le dogme de la *Trinité* est aussi exposé dans la philosophie *Sânkhya*. « L'*Intelligence* (le second principe après
» *Prakriti*, dans les catégories de *Kapila*) est appelée
» *bouddhi* [1] et *mahat* [2], le grand *Un* ; c'est la première
» production de la nature ; elle est *incréée*, générative,
» étant elle-même productive des autres principes. Elle

---

1. बुद्धि — 2. मह्त्.

» est identifiée par le *Sánkhya* mythologique avec la *Tri-*
» *nité de dieux*, des Hindous. Un passage très-remarquable
» du *Matsya-Pourâna*, cité dans le *Sánkhya-sâra*, après
» avoir déclaré que le *grand* principe est produit par la
» *nature modifiée*, affirme que le *grand Un* devient dis-
» tinctement connu comme trois-dieux, par l'influence
» des trois qualités de *bonté*, de *passion* et d'*obscurité*
» (*sattvam*, *radjas*, *tama* [1]), étant *une personne en trois*
» *dieux* [*éká moürtis trayó déváh* [2]] dans leur aggrégation
» est la divinité; mais distributivement, elle appartient
» aux êtres individuels [3]. »

Dans un chapitre des *Védas*, il est dit : « La cause
» toute-puissante, *omnisciente*, de l'univers est essentiel-
» lement heureuse. *Il* est l'image brillante dorée que l'on
» voit dans l'orbe solaire et dans l'œil humain. *Il* est l'*élé-*
» *ment éthéré* (*ákása*) duquel toutes les choses procèdent
» et auquel toutes les choses retournent [4]. »

D'après les plus célèbres Hébraïsans, et la tradition conservée parmi les Juifs, le nom de יהוה était un nom mystérieux pour les Hébreux; ils en ignoraient la prononciation, et toutes les fois qu'il se rencontrait dans la lecture
de la Bible, ils le prononçaient *Adonaï* [5]. Ce fait, qui
n'est pas douteux, rendit toute transcription étrangère
impossible. Ce ne fut qu'après l'invention des points ma-
sorétiques que l'on prononça *Jéhoah* ou *Iéhovah*. Les
Septante, qui traduisirent la Bible à Alexandrie, tran-
scrivirent ce mot en grec par ἰαὼ; ce qui peut faire
penser avec quelque certitude que c'est sa vraie prononciation, et qu'étranger à la langue hébraïque, il fut emprunté aux Égyptiens par Moïse, qui voulut en faire un

---

1. सत्वं रजसू तम — 2. एक्का मूर्त्तिसू त्रयो देवाः
— 3. *Colebrooke.* On the Philosophy of the Hindous. Part. 1. — 4. *Id.* p. 5.
— 5. אֲדֹנָי

mystère aux Hébreux ; les Pères de l'Eglise, en reconnaissant l'identité de ce mot avec les transcriptions grecques ἰαὼ, ἰαὺ, ἰαὴ, dont ils se servaient, et le témoignage de Diodore de Sicile, qui dit que ἰαὼ est le nom que les Juifs donnaient à Dieu, ne laissent aucun doute sur la prononciation du mot יהוה [1].

Ces idées théogoniques et cosmogoniques de LAO-TSEU ont été celles de presque tous les peuples de l'Orient, d'où elles sont probablement passées dans notre Europe. Toute la question se réduit à en déterminer la source, l'origine primitive. On reconnaît dans le *Yn* et le *Yang*, dans le *Prakriti* et le *Pouroucha*, l'*Ormuzd* et l'*Arimane* des Perses, l'*Isis* et l'*Osiris* des Égyptiens, etc. On trouve même dans la *Genèse* des idées conformes à celles de *Lao-tseu* sur la création. Le *rouak-éloim*[2] (*khi*) ou l'*esprit*, le *souffle des dieux* s'agitait sur les eaux ; ce *souffle*, cet air *subtil* est, comme dans le *Tao-te-king*, comme dans les *Védas*, comme dans *Manou*, la force plastique et formatrice des choses. Moïse représente le premier être semblable à l'aigle occupé à couver sa nichée, et le *rouak-élohim* s'agitait pour couver la terre. Le Phénicien Sanchoniaton a écrit qu'il y avait au commencement un *chaos ténébreux* et un *esprit*. L'esprit, en réagissant sur ce chaos, en l'échauffant, engendra une espèce de mélange fermentescible qui devint la semence de toutes les créatures et détermina la formation de l'Univers. Il dit aussi que le premier homme et la première femme furent engendrés par un *vent* ou *souffle* vivifiant et par le chaos. Ce premier homme et cette première femme ne sont encore que le *Yn* et le *Yang* chinois, le *Prakriti* et le *Pouroucha* de l'Inde, produits de la même manière.

---

1. Ainsi la transcription phonétique en chinois, par *Lao-tseu*, du mot יהוה *Yaoh*, *Yéoüh*, *Iéhoah*, et exprimée dans le Chapitre précédent du *Tao-te-king*, comme le pense M. A Rémusat, est donc inadmissible, et elle serait d'ailleurs fautive en ce qu'il faudrait réunir trois caractères de trois phrases consécutives pour former l'articulation ; *I hi weï* ou *goeï*, comme ce dernier mot est généralement prononcé. — 2. רוח אלהים.

Cette universalité du dogme de l'*unité primitive* qui produit la *dualité* pour former ensuite une *trinité* ou *triade* avec l'*énergie vivifiante* ou créatrice, l'*esprit vital*, démontre une origine commune à ces idées fondamentales de la pensée philosophique et religieuse dans la haute antiquité. Mais où retrouver cette origine plastique? cette source universelle des idées théogoniques et cosmogoniques? Ne sera-ce pas là où la civilisation se perd dans la nuit des tems? où les monumens de l'intelligence humaine, conservés jusqu'à nos jours, effraient cette même intelligence par leur quantité prodigieuse et leur étendue colossale? où la poésie, toute religieuse, a embrassé et dépassé l'univers? où la métaphysique la plus profonde et la plus hardie, quoique souvent la plus bizarre, s'est élevée aux plus hautes idées sur la nature et le principe des choses? où la raison humaine s'est exercée sur tous les sujets, sur tous les systèmes qui ont depuis occupé l'esprit de tant et de si différens génies? là où tout se tient, tout s'enchaîne dans une *unité panthéistique*; là où l'on trouve la raison de tout ce que l'imagination de l'homme a conçu ou rêvé? L'Inde est donc cette source immense et primordiale des conceptions et des écarts de l'intelligence. Il ne serait donc pas étonnant que *Lao-tseu* lui eût emprunté ses doctrines, et qu'elles se retrouvassent dans le *Tao-te-king*, comme le pensent ses Sectateurs. Le meilleur commentaire de ce livre si obscur et si concis serait peut-être l'étude approfondie des systèmes philosophiques et religieux de l'Inde, et surtout les deux philosophies *Sânkhya*, la philosophie *Védânta*, que l'on retrouve avec quelques modifications dans le *Smriti*[1] intitulé *Bhagavad-Guîtâ*, souvent cité dans ce Mémoire.

---

1. स्मृति *Mémoires, recollections*, livre authentique et consacré par le respect et l'autorité publiques, qui contient un corps de lois, on les doctrines d'une secte de philosophie, comme le mot श्रुति *S'routi*, ce qui est entendu, désigne les écritures théologiques que l'on ne doit point discuter.

Pour donner une nouvelle autorité à ces conjectures déjà si vraisemblables par ce qui précède, nous citerons un dernier passage du *Tao-te-king* où *Lao-tseu* désigne l'Être inconnu auquel il ne peut donner de nom, le principe du ciel et de la terre, par le caractère *Hiouan* [1], *noir, bleu-de-ciel*, déjà commenté dans ce Mémoire, et qui est évidemment ici la traduction du mot sanskrit *Krichna* [2], comme il sera facile de le voir; c'est le chapitre premier, intitulé : *du* Tao consubstantiel.

« Le *Tao* (*Glose* : le *un* originaire et primordial, le
» ciel du vide, qui existe par lui-même) peut être ex-
» primé, mais par des paroles qui ne sont point communes;
» (*Glose* : L'essence du *Tao* ne peut être exprimée par
» des paroles; tous les efforts pour chercher à le décou-
» vrir et à l'exprimer seraient vains). S'il pouvait être
» nommé (*Glose* : Celui qui de son éloignement nourrit
» toutes choses ne peut être connu), ce serait par un nom
» étranger au langage habituel. Le *Rien* [*wou* [3], l'*a-sat* [4],
» la *non-Entité* des *Védas*, de la philosophie *Védánta* du
» *Bhagavad-Guîtá*] se nomme l'origine du ciel et de la
» terre. L'Être (*yeou* [5], le *sat* [6], l'*Entité*) se nomme la
» mère [l'origine, la source, la cause] de toutes choses
» [de l'univers]. (*Glose* : L'*Être*, *yeou*, est le *grand faîte*,
» [premier principe de l'*y-king*] divisé en diverses *forces*
» ou énergies sous le nom de *Tao*). C'est pourquoi l'é-
» ternel *Rien* se plaît à contempler son excellence mer-
» veilleuse; c'est pourquoi l'éternel *Être* se plaît à con-
» templer ses œuvres imparfaites, son existence limitée
» (*kiao* [1], *circuit, limites*). Ces deux [principes] procè-

---

1. 玄 — 2. कृष्णा — 3. 無 — 4. असत् — 5. 有
— 6. सत् — 7. 徼 *Kiao*, ici *foramen*, selon un Commentateur.

» dent d'une même origine, mais avec des noms divers.
» Réunis [en un seul principe], ils sont nommés *Hiouan*[1]
» [bleu-de-ciel, noir, *Krichna*], et ce *Hiouan* est le su-
» prême *Hiouan*; (*Glose* : Tous les génies qui ont des
» formes, au milieu des excellentes non-existences, pro-
» duisent l'être[2]) c'est la porte [ou la source] de toutes
» les perfections. »

道可道非常道名可名
非常名無名天地之始
有名萬物之母故常無
欲以觀其妙常有欲以
觀其徼此兩者同出而
異名同謂之玄玄之又
玄眾妙之門

Les commentateurs chinois ne s'accordent point entre
eux sur la manière d'interpréter ce premier chapitre du
Tao-te-king ; ils ne s'accordent pas même sur la sépara-

---

1. 玄　2. 形神俱妙無中生有

tion des phrases. Les uns entendent par le *Tao* « la *voie*
» que l'on peut fréquenter pour diriger ses actions. La
» *voie éternelle, tchang Tao*[1], qui ne peut être fréquentée
» est celle que les sages de l'Occident [de l'Inde, à l'Oc-
» cident de la Chine] n'osèrent pas révéler aux hommes.
» Ce que ces sages virent, instituèrent, enseignèrent et
» mirent en pratique, ils le nommèrent *kiao*[2], doctrine. »
On voit clairement, par ce passage du commentaire de
Tching-kiu, l'origine indienne de la *doctrine* de *Lao-tseu*,
enseignée et transmise par des sages de l'Inde. « Quel-
» ques-uns, dit encore le commentateur, lisent : *wou-*
» *ming*[3] [sans nom] et *yeou-ming*[4] [avec un nom]; d'autres
» lisent : *wou, ming*[5] [le Rien, se nomme, etc.], *yeou,*
» *ming*[6] [l'Etre, se nomme, etc.]; quelques-uns lisent :
» *tchang-wou*[7], *tchang-yeou*[8] [l'éternelle *non-Entité*, l'é-
» ternelle *Entité*]; d'autres lisent : *wou-yo*[9], *yeou-yo*[10]
» [sans passions, avec des passions]. » C'est la première
de ces leçons que nous avons suivie avec *Tchouang-tseu*[11],
célèbre philosophe de l'école de *Lao-tseu*, et la petite
édition avec glose du *Tao-te-king*. Voici comment s'exprime le Commentaire de cette édition : « *Tao* est la
» limite du commencement et du chaos, non encore dis-
» tincts; *il est* le *tems* du *Yn* et du *Yang* non encore
» séparés en deux êtres; lorsqu'il n'y avait ni ciel, ni
» terre pour produire ensemble l'image; ni soleil ni lune

---

1. 常道 — 2. 教 — 3. 無名 — 4. 有
名 — 5. 無名。— 6. 有名。— 7. 常
無 — 8. 常有 — 9. 無欲 — 10. 有
欲 — 11. 莊子。

» pour produire ensemble (*ho* [1]) la lumière ; ni *Yn*, ni
» *Yang* pour produire ensemble l'esprit vital, l'air subtil
» (*khi* [2]) ; ni commencement, ni transformation pour pro-
» duire ensemble leur propre *Tao* [ou leur raison d'exis-
» tence]. » Et à propos de l'expression de *Lao-tseu* : *feï
tchang-tao* [3], le même commentateur donne pour synonyme
à *Tao*, *ming* [4], et dit : « Comment pourrait-il exister un
» nom, comment nommer ce qui est sans mouvement,
» sans forme, sans ressort, sans transformations, sans
» premier principe, sans vide, sans apparence. » Ce *Tao*
ainsi caractérisé n'est donc pas le *Tao*, *voie*, *chemin*, des
autres commentateurs. Les différentes acceptions du caractère *Tao*, sur lesquelles semble jouer *Lao-tseu*, sont
conservées.

Si nous avons saisi, comme nous l'espérons, le vrai
sens de ce passage important, traduit différemment par
M. Rémusat, on ne pourra s'empêcher de reconnaître,
dans le *wou* [5] et le *yeou* [6] ou le *sat* et l'*a-sat* réunis, que
Lao-tseu nomme ou plutôt qu'il dit *être nommés Hiouan*,
bleu-de-ciel foncé, *noir*, le dieu *Krichna* [7] de l'Inde, dont
le nom, comme on l'a déjà dit, signifie *noir*, *violet*, *bleu
foncé*, et qui a cette couleur dans toutes les images qui le
représentent.

Les passages tirés des *Védas* et du *Bhagavad-Guîtâ*, sur
le *sat* et l'*a-sat*, l'*Entité* et la *non-Entité*, cités au commencement de ce Mémoire, ne peuvent laisser de doute sur
l'origine philosophique du *Wou*, *Rien* ou *non-Entité*, et de
Yeou, l'*Être* ou l'*Entité*. Le principe exprimé par *Wou* est
le principe spirituel, qui est dénué de formes visibles ou

---

1. 合 — 2. 氣 — 3. 非常道 — 4. 名
— 5. 無 — 6. 有 — 7. कृष्ण.

images matérielles, tandis que le principe exprimé par *Yeou*, l'*Etre*, est le principe matériel, qui a des formes visibles on images sensibles ; c'est ce qu'exprime *Krichna*, dans le *Bhagavad-Guïtâ*, quand il dit :

भूमिरापो ऽनलो वायुः खं मनो बुद्धिरेव च ।

अहंकार इतीयं मे भिन्ना प्रकृतिरष्टधा ॥

अपरेयमितस्त्वन्यां प्रकृतिं विद्धि मे परां ।

जीवभूतां महाबाहो ययेदं धार्यते जगत् ॥

एतद्योनीनि भूतानि सर्वाणीत्युपधारय ।

अहं कृत्स्नस्य जगतः प्रभवः प्रलयस्तथा ॥

मत्तः परतरं नान्यत् किंचिद् अस्ति धनंजय ।

मयि सर्वमिदं प्रोतं सूत्रे मणिगणा इव ॥ (अध्या॰ ७. ४.)

« La terre, les eaux, le feu, le vent, l'æther, l'esprit et l'intelligence même,

» La conscience, enfin ; voilà les huit parties dans lesquelles ma nature est divisée.

» Celle-ci est ma nature inférieure. Sache que j'ai une autre nature bien supérieure ;

» Nature vitale, ô héros ! par laquelle le monde subsiste, [*litt.* est soutenu.]

» Comprends que c'est de la matrice de cette nature que procèdent tous les Êtres.

» Je suis l'origine et la dissolution de tout cet Univers.

» Il n'existe aucun Être au-dessus de moi, ô vainqueurs des ennemis !

» Cet Univers est suspendu en moi comme des milliers de perles dans un fil. »

Ailleurs il dit :

पिताहमस्य जगतो माता धाता पितामह: ।

« Je suis le père et la mère du monde, son conservateur et son grand ancêtre. »

Les deux *natures* que *Krichna* s'attribue dans le passage ci-dessus, c'est-à-dire une *nature* d'élémens matériels divisée en huit parties selon une catégorie philosophique, dans lesquelles sont compris la terre, les eaux, le vent, l'éther, l'esprit et l'intelligence, résultat de l'organisation corporelle ; cette nature, qu'il nomme inférieure, est évidemment l'Etre, *Yeou*[1], que *Lao-tseu* nomme la *Mère* de toutes choses, de l'univers, ce qui est exprimé aussi explicitement dans le vers précédent du *Bhagavad-Guîtâ*, tandis que sa nature supérieure, sa nature spirituelle, insaisissable par les organes des sens, sa nature vitale enfin, qui soutient le ciel et la terre, qui est la matrice de tous les êtres, est celle que *Lao-tseu* nomme *Wou*[2], l'Etre non-existant sous des formes visibles, l'origine du ciel et de la terre. Ce sont ces deux *natures*, ces deux expressions de l'être primordial que *Lao-tseu* caractérise parfaitement, quand il dit que le *Rien* [la nature supérieure] se plaît toujours à contempler son excellence merveilleuse, tandis que l'*Etre* [la nature inférieure et matérielle] se plaît toujours à contempler ses œuvres imparfaites, son existence limitée. L'ensemble, la réunion de ces deux natures, *Lao-tseu* la nomme *Hiouan, noir, bleu foncé*, terme qui n'aurait pas de sens, s'il n'était pas la traduction du nom de *Krichna*, car la signification de *profondeur, profondeur impénétrable*, que M. Rémusat a donnée à ce caractère[3], outre que ce n'est point sa signification propre,

---

telle qu'on la trouve une fois dans *Meng-tseu* [1] (Confucius ne paraît pas avoir employé ce terme) et qu'elle ne lui est attribuée que métaphoriquement et que par induction, parce que ce qui est *noir* est ordinairement *profond* comme la voûte bleue du ciel, elle ne présenterait à la pensée qu'une idée vague, incomplète et toute métaphysique, tandis que, comme traduction du nom de *Krichna*, ce caractère satisfait à tout et donne la raison de la philosophie de *Lao-tseu*, incompréhensible autrement. On pourrait objecter que si *Lao-tseu* avait voulu désigner *Krichna*, il n'aurait pas traduit, mais il aurait transcrit son nom ; l'exemple très-authentique du nom de *Bouddha*, que les Chinois nomment *Fo*, et la difficulté qu'il y aurait eu à transcrire le nom de *Krichna* (la transcription chinoise aurait dû être *Ki-li-chi-na*), nom sacré dissyllabique, répondent à cette objection.

Les commentateurs de *Lao-tseu* s'efforcent de donner une explication naturelle du caractère *Hiouan*, et nous devons dire qu'ils ne le regardent pas comme la traduction du mot *Krichna* ; mais il ne serait pas étonnant que des écrivains de beaucoup postérieurs à *Lao-tseu*, et ignorant la langue sanskrite, ne connussent point le sens primitif et l'origine de la doctrine de leur maître, que lui-même n'aurait pas révélés ; et cette origine, cette dérivation n'en serait pas moins probable. Et quand on voit la multitude et la diversité des explications des commentaires, qui souvent obscurcissent leur texte au lieu de l'éclaircir, on ne doute plus que le sens primitif de ce texte antique ne se soit perdu pour les commentateurs chinois. Voici comment ils expliquent le caractère *Hiouan* :

---

1. Ce caractère   *Hiouan*, n'est employé qu'une fois par *Meng-tseu*, (Mencius, liv. 1), et il y signifie *noir*, de la *soie noire*, ou *bleue foncée*.

« Tout ce qui est très-éloigné, dit *Sou-tseu-yeou*, et
» que l'on ne peut atteindre d'aucune manière, a néces-
» sairement la couleur *noire* (*hiouan*). C'est pourquoi *Lao-
» tseu* exprime toujours par la lettre *Hiouan* ce qui est
» très-éloigné et que l'on ne peut atteindre ; et quand il
» dit : *Hiouan tchi yeou hiouan* [1], *noir et encore noir,* son
» idée alors est épuisée. » Un autre dit : « Ce qui est noir
» ne peut être vu, ne peut être entendu, ne peut être
» exprimé ; ce qui est *noir, et encore noir,* en ce qui con-
» cerne sa *non-Entité* (*wou*) et son *Entité* (*yeou*), deux
» manières d'être, à plus forte raison, on ne peut ni le
» voir, ni l'entendre ; à plus forte raison, on ne peut ni
» le nommer, ni l'exprimer. »

Il résulte toutefois de ces définitions des Commentateurs
du *Tao-te-king*, que le caractère *Hiouan,* bleu-noir, est
appliqué par *Lao-tseu* à l'être extrêmement éloigné, à l'être
primitif, suprême, à l'être qui a précédé la formation de
l'univers, à l'être que l'on ne peut ni voir, ni entendre,
ni exprimer ; par conséquent, ce *caractère* est le nom
donné par *Lao-tseu* à la divinité suprême, divinité *bleue,
noire,* absolument identique pour l'expression et la signification au dieu *Krichna* [2] de l'Inde ; et il semble que *Lao-
tseu* ait voulu, comme les sectateurs de *Krichna,* placer
cette divinité au-dessus du *Tao,* divinité manifestée par le
verbe incréé, la parole éternelle, la parole divine et créatrice, inférieure à *Krichna,* qui est la divinité suprême. Il
y a identité, assimilation complète ; car le mot *Brahma* [3],
qu'on le dérive de *broû* [4], *dire, parler,* qui fait au prés.

---

1. 玄 之 又 玄 — 2. कृष्ण — 3. ब्रह्म

— 4. वृ Les Grammairiens indiens dérivent ब्रह्म de वृ *couvrir;* cette
étymologie paraît moins satisfaisante que celles proposées ci-dessus, et même
moins naturelle.

bravími [1], ou de *bhram* [2], *circumvagari*, errer dans tous les sens, pénétrer partout, a la même signification intrinsèque que *tao* [3], qui veut dire aller, se mouvoir, pénétrer, et qui, par induction, signifie aussi *dire*, *parler*. Tous les deux impliquent la signification, la vertu absolue du λογος et du *verbum* de la philosophie platonique et néo-platonique. Quelle raison eût porté *Lao-tseu* à changer la terminologie philosophique chinoise, qui exprime la divinité par les termes de *thien* [4], de *chang-ti* [5], etc., pour les remplacer par des termes inusités, s'il n'avait pas eu d'autres idées à exprimer que celles qui étaient indigènes à la Chine? Le dictionnaire de *Kang-hi* semble confirmer cette conjecture, quand il donne au caractère *Hiouan* [6] la signification de DIEU DE LA RÉGION DU NORD; *pe fang tchi chin* [7], et celle d'UN DES GÉNIES SIEN [8], que la Mythologie suppose habiter le mont *Kouen-lun*, montagne fameuse du pôle, qui, en géographie, est au Nord-Ouest de la Chine, au Nord du Thibet, et dont la partie moyenne, dans le système des montagnes de l'Asie centrale, de M. de Humboldt, est par 35 degrés de latitude. C'est sur cette montagne que, selon la Notice précédente, se retira *Lao-tseu*, et c'est là qu'il s'instruisit probablement dans la philosophie de l'Inde; car la civilisation de cette contrée y avait pénétré plus de 500 ans avant de parvenir au Thibet. Cette montagne, *Kouen-lun*, est aussi le mont *Mérou* [9], le *Mahá-Mérou* [10] de la Mythologie indienne. C'est donc un dieu de l'Inde que le Dictionnaire de *Kang-hi* a voulu désigner, car un DIEU DU NORD proprement dit serait, pour

---

1. ब्रवीमि – 2. भ्रम् – 3. 道 – 4. 天 – 5. 上帝 – 6. 玄 – 7. 北方之神 – 8. 仙 – 9. मेरु – 10. महामेरु

la Chine, un dieu de la Mongolie, qui d'ailleurs a reçu de l'Inde ses croyances religieuses [1].

Maintenant *Krichna* n'est-il pas une divinité secondaire, et peut-on lui donner les attributs de l'Être suprême, de *Brahma?* Le *Bhagavad-Guîtâ* répond suffisamment à cette question, car *Krichna* s'y donne partout comme l'*Adhidévâ*, le dieu au-dessus des dieux ; l'*Adhyatma*, l'esprit suprême. Voici quelques passages du *Brahma-vaivarta-Pourâna* qui confirmeront cette assertion. Dans un endroit, le poète dit que la terre a trouvé *Brahma*,

जपन्तम् परमम् ब्रह्म कृष्णा इत्यू अद्वरद्वयम् ।

« Murmurant le nom du souverain Être, c'est-à-dire, le nom immortel dissyllabique de *Krichna*. »

Ailleurs il dit que « *Krichna est le souverain de Brahma,* » *d'Ananta, de Siva, de Yama, qu'il est le Créateur du* » *monde, qu'il est le maître de Sarasvati, de Laxmi, de* » *Prakriti* ; il peut, de la contraction de ses sourcils, créer » des milliards d'êtres, comme de cette seule contraction » il peut effacer la création :

भ्रूभङ्गलीलामात्रेण सृष्टिसंहर्तुर् एव च ।

Et en cela il est plus puissant que le Jupiter d'Homère, qui ne fait seulement qu'*ébranler l'Olympe*. « C'est lui » que *Brahma* aux quatre faces, l'auteur des *Védas*, cé- » lèbre, en vénérant ses pieds de lotus ; c'est lui que *Siva* » aux cinq visages célèbre, saisi de respect, en vénérant » ses pieds de lotus ; c'est lui que *Vichnou*, que *Yama* et » tous les autres dieux célèbrent, en révérant ses pieds » de lotus [2]. » C'est à lui qu'est adressée, dans la onzième

---

1. Toute l'Asie centrale paraît avoir reçu sa civilisation et sa croyance de l'Inde. Selon M. Rémusat (Rech. sur les langues Tart.) *a*, en Mantchou, signifie le principe actif et lumineux des Chinois, *Yang* ; *e*, le principe obscur et passif, *Yn*. Dans le Bh. Guît. *Krichna* dit que parmi les lettres élémentaires, il est la voyelle *a* : *akcharânâm a-karo 'smi*. (Lect. 12. sl. 33.)

2. Voyez le Spécimen du Brama-Vaivarta-Pourâna, par M. *Stenzler*.

lecture du *Bhagavad-Guîtâ*, cet hymne sublime, qui n'a pas de modèle dans aucune langue humaine.

Si nous poursuivions plus loin ce parallèle, on verrait comment les idées, les doctrines morales de *Lao-tseu*, ressemblent à celles des *Yoguis* et des *Sannyasis* de l'Inde exprimées en partie dans le *Bhagavad-Guîtâ* et dans les *Smritis* de la philosophie *Sânkhya* de *Patandjali* ; comme ces ouvrages, le *Tao-te-king* de *Lao-tseu* recommande d'écarter tout ce qui peut troubler la tranquillité, la quiétude de l'ame ; il réprime les passions vives, inspire du mépris pour les plaisirs de la terre, pour les *OEuvres*, pour le fruit des œuvres ; il recommande même l'ignorance, comme préservant de l'orgueil et des écarts de l'intelligence. Selon lui, le soin du sage doit se borner à exister sans douleur et sans chagrin, à vivre dans un état d'inaction, comme dans le *nivritti* des Indiens. Il veut que l'on ne pense pas au passé et que l'on ne s'inquiète pas de l'avenir. Il blâme l'ambition, le désir des richesses, des honneurs, l'avarice, et tout ce qui peut troubler la parfaite quiétude de l'ame. Toutes ces idées se retrouvent dans les livres Indiens cités ci-dessus.

Nous pouvons donc conclure avec une espèce de certitude :

Que les doctrines, les croyances des sectateurs de *Lao-tseu* sont des doctrines, des croyances empruntées de l'Inde ;

Que ces doctrines, ces croyances, se rattachent principalement à la philosophie *Sânkhya*, à la philosophie *Védânta* (qui est celle des *Védas*), et à la branche de philosophie *védânta* et *sânkhya* à laquelle appartient le *Bhagavad-Guîtâ* ;

Que les doctrines de *Lao-tseu*, exposées dans le *Tao-te-king*, appartiennent à ces mêmes branches de philosophie, ce qu'une traduction et une analyse complètes de ce livre curieux viendraient probablement confirmer ;

Que par conséquent les doctrines de *Lao-tseu*, étrangères à la Chine, doivent être étudiées dans l'Inde;

Que l'Inde est le berceau de presque toutes les doctrines, toutes les croyances qui ont inondé l'Orient, et qui de là sont passées dans les autres parties du monde;

Qu'il n'y a que l'Égypte qui pourrait disputer à l'Inde ce titre de *berceau du genre humain*, si son antiquité, son histoire, sa mythologie, ses systèmes de philosophie, étant une fois connus, ne décèlent pas encore leur origine indienne;

Que jusqu'à ce que ce dernier problème soit résolu, il restera prouvé que la priorité appartient à l'Inde, et que c'est là qu'il faut chercher la raison, le sens primitif de la plupart des doctrines philosophiques et des croyances religieuses.

Un autre fait qui résulte des propositions précédentes, c'est que, s'il est démontré que les idées principales du livre de *Lao-tseu* appartiennent aux systèmes de philosophie cités, il s'en suivra qu'à l'époque de *Lao-tseu*, près de 600 ans avant notre ère, la théologie, ou la religion ancienne de l'Inde, la théologie védique, était déjà passée alors à l'état philosophique, ce qui suppose à ces systèmes philosophiques une antériorité qui restera à déterminer.

Ce n'est pas ici le lieu d'entrer dans l'examen approfondi de ces questions, et de la descendance ou de l'autochtonéité du peuple Chinois; mais pour donner encore plus de vraisemblance à nos conjectures, nous finirons par citer le passage de Manou qui fait descendre les Chinois des Kchatriyas de l'Inde:

शनकैस्तु क्रियालोपादिमाः क्षत्रियजातयः ।
वृषलत्वं गता लोके ब्राह्मणादर्शनेन च ॥
पौण्ड्रकाश्चौड्रद्रविडाः काम्बोजा यवनाः शकाः ।
पारदा पह्लवाश्चीनाः किराता दरदाः खशाः ॥

« Les races suivantes de Kchatriyas sont tombées, par l'omission des saints rites, et le mépris des Brahmanes, dans un état de dégradation parmi les hommes de la plus basse classe :

» [Ce sont] les *Paundrakas*, les *Audras*, les *Dravidas*, les *Kâmbodjas*, les *Yavanas*, les *Sakas*, les *Pâradas*, les *Pahlavas*, les *Tchinas*, les *Kirâtas*, les *Daradas* et les *Khasas*. » (Lect. 10, sl. 43—44.)

La plupart de ces peuples sont connus, et on les retrouve dans le Râmâyana (*Livre 1, Kand. 42 et passim*), où il est dit que les *Yavanas* [les Grecs] viennent *de la contrée de l'Ionie : Yôni désatch tcha Yavanâh* [1]. Si l'on supposait que le passage de Manou est interpolé, il faudrait supposer aussi l'interpolation du Râmâyana, du Mahâ-Bhârata, et autres Poèmes antiques de l'Inde. Koullouka, le Commentateur de Manou, se tait, avec sa formule de mention ordinaire, sur ce passage, ce qui suppose qu'il ne laissait aucun doute dans l'esprit des Indiens, ou que la science du Commentateur était mise en défaut.

L'autorité de Manou pour faire descendre les Chinois des Indiens n'est donc pas dépourvue d'autorité. L'objection qui suppose qu'à l'époque de la rédaction des lois de *Manou*, le nom de *Chine* ou *Tsin* n'existait pas, pourrait être infirmée par la preuve de l'existence ancienne de l'état de *Tsin*, petit Royaume de la Chine que cite souvent *Mengtseu*, comme état assez puissant de son tems, pour faire dominer son nom sur toute la contrée qui porte aujourd'hui celui de Chine, bien avant l'établissement de la dynastie de *Tsin*.

Le verset 12 du chap. 49 d'*Isaïe* confirmerait que de son tems, 680 ans avant J.-C., le nom de *Tsin* ou *Sin* comme peuple de l'Orient, était déjà connu. Le mot *Sinim* [2], au singul. *Sina*, qu'emploie ce prophète Juif, a

---

1. योनिदेशाच्च यवना: [non *yoni*, matrix, avec *désa!* région, contrée.] — 2. אֶרֶץ סִינִים. = *pays de la Lune = Sina c'est-à-dire le Midi par rapport à la Palestine*

exercé beaucoup les Commentateurs. Les Septante l'ont traduit par γη Περσων; mais on ne connaît point de pays en Perse de ce nom.

La plupart des traducteurs de la Bible ont écrit : « Les voilà qui viennent du Levant et de l'Aquilon! » La Bible protestante imprimée à Sedan, en 1633, dit dans son langage naïf : « *Voici! ceux-ci viendront de loin; et voici: ceux-là d'Aquilon et de la mer, et ceux-là du pays des* SINIENS ! »

Le culte des ancêtres honoré à la Chine est encore assurément une importation de l'Inde, parce que ce n'est que dans ce dernier pays qu'il est complètement intelligible et complètement lié aux croyances religieuses, tandis qu'en Chine ce n'est qu'un accident que l'on ne peut guère expliquer. Nous n'entrerons pas ici dans le développement des preuves qui pourraient établir la vérité de cette conjecture ; il nous suffira seulement de l'indiquer.

La gravure chinoise placée en tête de ce Mémoire est calquée sur celle qui précède, dans le livre Chinois, la Notice sur l'origine et le développement de la doctrine du Tao. Elle représente *Lao-tseu* et quatre de ses disciples, parés de l'auréole de la sainteté, et portant sur leurs têtes des feuilles de *Lotus*. Cet attribut singulier, qui est celui de *Vichnou*, dans la mythologie de l'Inde, et de *Krichna*, considéré comme une incarnation de ce Dieu, indique au moins, dans l'esprit des sectateurs de *Lao-tseu*, l'origine Indienne de la doctrine de leur fondateur. Sur plus de cent gravures semblables de personnages honorés ou déifiés, et accompagnés de disciples ou d'auditeurs, qui se trouvent dans l'ouvrage Chinois cité au commencement de ce Mémoire, *Lao-tseu* est le seul, avec ses quatre disciples, qui offrent cette frappante singularité.

❊ श्री ❊

❊ सामवेदकेनोपनिषत् ❊

❊ यजुर्वेदेशोपनिषत् ❊

LE KÉNA OUPANICHAD DU SAMA-VÉDA.

L'ISA OUPANICHAD DU YADJOUR-VÉDA.

❊ اپنکهت کین از انهربن بید ❊

❊ اپنکهت ایشاواسیه از ججر بید ❊

॥ केनोपनिषत् ॥

केनेषितं पतति प्रेषितं मनः केन प्राणः प्रथमः प्रैति
युक्तः । केनेषितां वाचं इमां वदन्ति चक्षुः श्रोत्रं कु
देवो युनक्ति ॥ १ ॥

श्रोत्रस्य श्रोत्रं मनसो मनो यद् वाचो ह वाचं सुप्रा-
णस्य प्राणः चक्षुषश् चक्षुर् अतिमुच्य धीराः प्रेत्या-
स्माल्लोकाद् अमृता भवन्ति ॥ २ ॥

न तत्र चक्षुर् गच्छति न वाग् गच्छति नो मनो न
विद्मो न विजानीमो यथैतद् अनुशिष्याद् अन्यदेव
तद् विदिताद् अथो ऽविदिताद् अधि इति शुश्रुम
पूर्व्वेषां ये नस् तद् व्याचचक्षिरे ॥ ३ ॥

यद् वाचान् अभ्युदितं येन वाग् अभ्युद्यते ।
तद् एव ब्रह्म त्वं विद्धि नेदं यद् इदं उपासते ॥ ४ ॥

यन् मनसा न मनुते येनाहुर् मनो मतं ।
तद् एव ब्रह्म त्वं विद्धि नेदं यद् इदं उपासते ॥ ५ ॥

यच् चक्षुषा न पश्यति येन चक्षूंषि पश्यति ।
तद् एव ब्रह्म त्वं विद्धि नेदं यद् इदं उपासते ॥ ६ ॥

Sloka 3. *Tad viditád athô aviditád adhi.* Cet emploi extraordinaire de la
préposition inséparable *adhi*, qui, comme certaines particules chinoises suit ici
son régime, est une preuve de la haute antiquité toute védique de cet Oupani-

KÉNA OUPANICHAD

DU SAMA VÉDA.

1. « Quel est celui (*demande l'Éléve au Maître spirituel*) par qui l'Intelligence s'exerce? Quel est celui par la puissance duquel le souffle vital et primitif agit [dans les êtres qu'il anime?] Quel est celui par la puissance duquel la parole humaine est articulée? Quel est le dieu, par la puissance duquel la vision et l'ouïe exercent leurs fonctions? »

2. (*Le Maître spirituel répond:*) «[Celui qui est] l'audition de l'audition [1], l'intelligence de l'intelligence, la parole de la parole, le souffle vital du souffle vital, la vision de la vision [2]; les sages étant délivrés des liens terrestres [par la connaissance de cet Être suprême] après avoir quitté ce monde, deviennent immortels.

3. » C'est pourquoi l'œil ne peut en approcher, la parole ne peut l'atteindre, ni l'intelligence [le comprendre]; nous ne savons, ni ne connaissons comment il pourrait être distingué ou connu ; car il est au-dessus de ce qui peut être compris par la science, et également au-dessus de ce qui ne peut être compris par elle ; voilà ce que nous avons appris de nos ancêtres qui nous ont transmis cette doctrine.

4. » Celui qui surpasse les paroles [qu'aucune parole ne peut exprimer] et par la puissance duquel la parole est exprimée ; sache, ô toi! que celui-là est Brahma, et non ces choses périssables que l'homme adore!

5. » Celui qui ne peut être compris par l'Intelligence, et celui seul, disent les Sages, par la puissance duquel la nature de l'intelligence peut être comprise; sache, ô toi! que celui-là est Brahma, et non ces choses périssables que l'homme adore!

6. » Celui que l'on ne voit point par l'organe de la vision et par la puissance duquel l'organe de la vision aperçoit [les objets]; sache, ô toi! que celui-là est Brahma, et non ces choses périssables que l'homme adore!

---

chad. Cette phrase signifie littéralement : « *Il est au-dessus de la connaissance* » *comme au-dessus de la non-connaissance, ou de ce qui est connu et de* » *ce qui ne l'est pas.* » *Vidităd* et *avidităd* sont des termes philosophiques.

1. Littéralement : *l'oreille de l'oreille.* — 2. Litt. *l'œil de l'œil.*

यत् श्रोत्रेण न शृणोति येन श्रोत्रं इदं श्रुतं ।

तद् एव ब्रह्म त्वं विद्धि नेदं यद् इदं उपासते ॥ ७ ॥

यत् प्राणेन न प्राणिति येन प्राणः प्रणीयते ।

तद् एव ब्रह्म त्वं विद्धि नेदं यद् इदं उपासते ॥ ८ ॥

यदि मन्यसे सुवेदेति दभ्रमेवापि नूनं त्वं वित्थ ब्रह्म-
णो रूपं । यदस्य त्वं यदस्य देवेष्वथ नु मीमांस्यं एव ते
मन्ये विदितं ॥ ९ ॥

नाहं मन्ये सुवेदेति नो न वेदेति वेद च ।

यो नस् तद् वेद तद् वेद नो न वेदेति वेद च ॥ १० ॥

यस्यामतं तस्य मतं मतं यस्य न वेद सः ।

अविज्ञातं विजानतां विज्ञातं अविजानतां ॥ ११ ॥

प्रतिबोध विदितं मतं अमृतत्वं हि विन्दते ।

आत्मना विन्दते वीर्यं विद्यया विन्दते ऽमृतं ॥ १२ ॥

इह चेद् अवेदीद् अथ सत्यं अस्ति न चेद् इहावे-
दीन् महती विनष्टिः । भूतेषु भूतेषु विचिन्त्य धीराः
प्रत्यास्माल्लोकाद् अमृता भवन्ति ॥ १३ ॥

ब्रह्म ह देवेभ्यो विजिग्ये तस्य ह ब्रह्मणो विजये देवा
अमहीयन्तत्तेदन्तास्माकं एवायं विजयो ऽस्माकं एवायं
महिमेति ॥ १४ ॥

Sloka 10. *Nó na védéti Véda tcha. Na* est peut-être ici synonyme d'*iva*,

7. » Celui que l'on n'entend point par l'organe de l'ouïe, et par la puissance duquel l'organe de l'ouïe entend ; sache, ô toi ! que celui-là est Brahma, et non ces choses périssables que l'homme adore !

8. » Celui que l'on ne peut distinguer par l'organe de l'odorat, et par la puissance duquel l'organe de l'odorat s'exerce ; sache, ô toi ! que celui-là est Brahma, et non ces choses périssables que l'homme adore !

9. » Si tu te dis : « Je connais parfaitement [l'Être-Suprême] ; » tu connais certainement peu la forme [les attributs] de Brahma ; soit que tu le considères dans les limites de tes sens, soit que tu le voies dans les dieux célestes ; ainsi donc ne doit-il pas être l'objet de tes méditations (*mîmansyam*) ? — Je pense le connaître, [dit l'Élève] ;

10. » Non que je suppose le connaître parfaitement, ni ne pas le connaître du tout ; je le connais toutefois *partiellement*; comme parmi nous, celui qui connaît [les doctrines précédentes ?] connaît l'Être-Suprême (*Tad*), *de même* je le connais sans le connaître parfaitement; et sans toutefois l'ignorer entièrement. »

11. (*Le Maître spirituel:*) « Celui qui croit ne pas le connaître, c'est celui qui le connaît ; celui qui croit le connaître, c'est celui qui ne le connaît pas : il est regardé comme incompréhensible par ceux qui le connaissent le plus, et comme parfaitement connu par ceux qui l'ignorent entièrement.

12. » La notion de la nature des êtres corporels étant acquise (*pratibhodha*), cette idée mène à la connaissance de la Divinité. [L'homme] trouve en lui-même la force, [l'énergie de connaître Dieu], et par *cette* connaissance, il obtient l'immortalité.

13. » Quiconque a une fois connu [Dieu], est à la vérité ; [est heureux]. Quiconque ne l'a pas connu, est livré à toutes les misères. Les Sages [qui connaissent Dieu] ayant médité profondément sur la nature de tous les êtres, après avoir quitté ce monde, deviennent immortels.

14. — Brahma ayant défait les mauvais génies, les bons génies (*ou Dieux secondaires*) restèrent vainqueurs par le secours de Brahma. Alors ils se dirent entre eux : « C'est nous qui avons » vaincu, c'est de nous qu'est venue la victoire, c'est à nous qu'en » revient l'honneur. »

---

comme. Alors cette phrase signifierait : « Je *le* connais comme négativement, je » le connais cependant. »

Sloka 14. Cette particule explétive *ha*, qui revient plusieurs fois d'une manière insolite entre le sujet et le régime, est ainsi placée dans le texte en caractères Bengalis. C'est sans doute une forme védique.

तद्येषां विजज्ञौ तेभ्यो ह प्रादुर्बभूव तन्न व्यजानत
किं इदं यक्षं इति ॥ १५ ॥

ते अग्निं अब्रुवन् जातवेद एतद् विजानीहि किं एतद्
यक्षं इति तथेति तद् अभ्यद्रवत् तं अभ्यवदत् कोऽसीति
अग्निर् वा अहं अस्मीत्य् अब्रवीन् जातवेदा वा अहं
अस्मीति ॥ १६ ॥

तस्मिंस् त्वयि किं वीर्यं इति अपीदं सर्वं दहेयं यद्
इदं पृथिव्यां इति तस्मै तृणं निदधावेतद् दहेति ॥ १७ ॥
तद् उपप्रेयाय सर्वजवेन तं न शशाक दग्धुं सतत एव
निववृते नैतद् अशकं विज्ञातुं यद् एतद् यक्षं इति ॥ १८ ॥

अथ वायुं अब्रुवन् वायव् एतद् विजानीहि किं एतद्
यक्षं इति तथेति तद् अभ्यद्रवत् तं अभ्यवदत् को-
सीति वायुर् वा अहं अस्मीत्य् अब्रवीन् मातरिश्वा
अहं अस्मीति ॥ १९ ॥

तस्मिंस् त्वयि किं वीर्यं इति अपीदं सर्वं आददीय यद् इदं
पृथिव्यां इति तस्मै तृणं निदिधावेतद् आदत्स्वेति ॥ २० ॥
तद् उपप्रेयाय सर्वजवेन तं न शशाकादातुं सतत एव
निववृते नैतद् अशकं विज्ञातुं यद् एतद् यक्षं इति ॥ २१ ॥
अथेन्द्रं अब्रुवन् मघवन् एतद् विजानीहि किं एतद् यक्षं
इति तथेति तद् अभ्यद्रवत् तस्मात् तिरोदधे ॥ २२ ॥

15. L'Etre-suprême, ayant su toute leur vanité, leur apparut ; ils ne connurent pas quelle était cette adorable apparition !

16. » O Agni ! Dieu du feu, dirent-ils, origine du [Rig] Véda ; peux-tu savoir quelle est cette adorable apparition ? — Oui, dit-il. » Il se dirigea vers l'adorable apparition qui lui demanda : « Qui es-tu ? — Je suis *Agni*, le Dieu du feu, répondit-il, je suis l'origine du [Rig] Véda ; voilà !

17. — Quelle puissance extraordinaire y a-t-il dans ta personne ? — Je puis réduire en cendres tout ce qui est sur ce globe de terre ; voilà ! » Alors [l'Etre-suprême] ayant déposé un brin de paille devant lui : « Brûle cela ! »

18. S'étant approché de cette paille [le Dieu du feu] malgré tous ses efforts, ne put la brûler. Aussitôt il s'en retourna [*vers les autres Dieux*] ; « Je n'ai pu connaître cette adorable apparition ; voilà ! »

19. Alors [*les Dieux*] s'adressèrent à *Vâyou*, le Dieu du vent ; « Dieu du vent ! peux-tu savoir quelle est cette adorable apparition ; voilà ! — Oui, dit-il. » Il se dirigea vers l'adorable apparition qui lui demanda : « Qui es-tu ? — Je suis *Vâyou*, le Dieu du vent, répondit-il, je suis celui qui pénètre l'espace illimité ; voilà !

20. — Quelle puissance extraordinaire y a-t-il dans ta personne ? — Je puis enlever tout ce qui est sur cette terre ; voilà ! » Alors l'Etre-suprême ayant déposé un brin de paille devant lui : « Enlève cela ! »

21. S'étant approché de cette paille, le Dieu du vent ne put l'enlever ; aussitôt il s'en retourna [*vers les autres Dieux*] : « Je n'ai pu connaître cette adorable apparition ; voilà ! »

22. Alors [*les Dieux*] s'adressèrent à *Indra*, le Dieu de l'espace : « Dieu de l'espace ! peux-tu savoir quelle est cette adorable apparition ? — Oui, dit-il. » Il se dirigea vers l'adorable apparition qui disparut à ses regards.

SLOKA 15. Anquetil Duperron, dans sa traduction des *Oupnekat* (*Oupanichad*) a pris le pronom sanskrit *Idam*, ce, conservé en Persan, pour *Adam*, nom du premier homme chez les Hébreux.

SLOKA 19. मातरिश्व *mâtaris'va*; c'est ainsi que porte le texte bengali ; cette forme est répétée dans le quatrième Sloka de l'Isa Oupanichad qui suit.

स तस्मिन्न् एवाकाशे स्त्रियम् आजगाम बहुशोभमानाम्
उमां हैमवतीं तां होवाच किं एतद् यक्षं इति ब्रह्मेति
होवाच ब्रह्मणो वा एतद् विजयेमहीयध्वं इति ॥२३॥

ततो हैव विदांश्चकार ब्रह्मेति तस्माद् वा एते देवा
अतितरामि वान्यान् देवान् यद् अग्निर् वायुर् इन्द्रस्
ते ह्येनन् नेदिष्ठं पस्पर्शुस् ते ह्येनत् प्रथमो विदांश्च-
कार ब्रह्मेति ॥ २४ ॥

तस्माद् वा इन्द्रोऽतितरामि वान्यान् देवान् स ह्येनन्
नेदिष्ठं पस्पर्श स ह्येनत् प्रथमो विदांश्चकार ब्रह्मेति॥२५॥

तस्यैष आदेशो यद् एतद् विद्युतो व्यद्युतदा इतीति
न्यमीमिषदा इत्य् अधिदैवतं ॥ २६ ॥

अथाध्यात्मं यद् एतद् गच्छतीव च मनोऽनेन चैतद्
उपस्मरत्य् अभीक्ष्णं सङ्कल्पः तद्ध तद्वनं नाम तद्वनं
इत्युपासितव्यं सय एतद् एवं वेदाभि हैनं सर्वाणि
भूतानि संवाञ्छन्ति ॥ २७ ॥

उपनिषदं भोब्रूह्नीत्युक्तात उपनिषत् ब्राह्मीं वावत
उपनिषदं अब्रूमेति तस्यै तपो दमः कर्मेति प्रतिष्ठा
वेदाः सर्वाङ्गानि सत्यं आयतनं ॥ २८ ॥

यो वा एतां एवं वेद अपहत्य पाप्मानं अनन्ते स्वर्गे
लोकेज्येये प्रतितिष्ठति प्रतितिष्ठति ॥ २९ ॥

॥ इति केनोपनिषत् ॥

23. Il rencontra dans ce même espace, une femme sous la forme de la belle *Oumâ*, femme de *Siva*, parée de robes d'or ; il lui demanda quelle était cette adorable apparition. Elle répondit: « C'est Brahma ! Brahma, à qui vous devez la victoire dont vous vous enorgueillissez ! »

24. C'est ainsi qu'il connut Brahma : C'est pourquoi *Agni*, *Vâyou*, et *Indra* se dirent chacun : « Je surpasse les autres dieux ! » parce qu'ils avaient approché de l'adorable apparition, qu'ils l'avaient touchée par leurs organes sensibles, et qu'ils avaient connu les premiers que l'objet de leur investigation était Brahma !

25. C'est pourquoi *Indra* se dit: « Je surpasse même les autres Dieux ! » [*Agni* et *Vâyou*] ; parce qu'il avait approché de l'adorable apparition, qu'il l'avait touchée par ses organes sensibles, et qu'il avait connu le premier que l'objet de son investigation était Brahma.

26. Voilà une peinture figurée de l'Etre-suprême qui brille *sur l'Univers* de l'éclat de la foudre, et qui disparaît aussitôt plus rapide qu'un clin-d'œil ; c'est ainsi qu'il est le Dieu des Dieux !

27. Ainsi encore la grande Intelligence, [*la grande Ame*], peut être conçue par l'âme, ou l'intelligence qui approche d'elle, pour ainsi dire, [*iva*]. Avec cette même intelligence, [*cette même Ame*], la pensée se *la* rappelle fréquemment, et en fait comme sa demeure. Cet Etre-suprême est nommée l'adorable. Toutes les Créatures révèrent, [chérissent] celui qui le connaît.

28. « Récite-moi l'Oupanichad, [ou la principale partie des Védas, *dit de nouveau l'Elève*]. — Je t'ai récité l'Oupanichad qui concerne Brahma, ou l'Etre-suprême, [*répond le Maître spirituel.*] Ainsi je t'ai récité l'Oupanichad qui renferme les préceptes de la dévotion austère [1], de la mortification [2], de la pratique des cérémonies religieuses [3] ; les autres parties des Védas, qui forment des corps de sciences, sont la vérité éternelle. »

29. Celui qui connaît ce qui a été ci-dessus exposé, étant délivré de ses péchés, obtient une félicité éternelle dans le séjour des cieux.

FIN DU KÉNA OUPANICHAD.

Sloka 26. *Vidyoutadá* et *nyamímichadá* ; ces deux verbes offrent un exemple frappant et extraordinaire de la préposition *á*, suivant ici le verbe au lieu de le précéder. Son emploi exprime avec une énergie pittoresque, le mouvement d'*apparition* et de *disparition* de l'Être-Suprême ; mouvement double et contraire dont cette préposition est douée dans les Védas, et qu'elle exprime ici admirablement. — Sloka 27. *Abhi..... Samvántchanti.*

1. तपस् *Tapas.* — 2. दम: *Damah.* — 3. कर्म *Karma.*

❀ ईशोपनिषत् ❀

ईशा वास्यं इदं सर्व्वं यत् किञ्च जगत्यां जगत् ।
तेन त्यक्तेन भुञ्जीथा मा गृधः कस्यस्वित् धनं ॥ १ ॥

कुर्व्वन्नेवेह कर्म्माणि जिजीविषेच्छतं समाः ।
एवं त्वयि नान्यथेतो ऽस्ति न कर्म्म लिप्यते नरे ॥ २ ॥

असूर्य्या नाम ते लोका अन्धेन तमसा वृताः ।
तांस्ते प्रत्याभिगच्छन्ति ये के चात्महनो जनाः ॥ ३ ॥

अनेजद् एकं मनसो जवीयो नैनद् देवा आप्नुवन्
पूर्व्वमर्षत् तद् धावतो ऽन्यान् अत्येति तिष्ठत् तस्मिन्
अपो मातरिश्वा दधाति ॥ ४ ॥

तद् एजति तन् नैजति तद् दूरे तद् अन्तिके ।
तद् अन्तरस्य सर्व्वस्य तद् उ सर्व्वस्यास्य वाह्यतः ॥ ५ ॥

यस् तु सर्व्वाणि भूतान्य् आत्मन्य् एवानुपश्यति ।
सर्व्वभूतेषु चात्मानं ततो न विजुगुप्सते ॥ ६ ॥

यस्मिन् सर्व्वाणि भूतान्य् आत्मैवाभूद् विजानतः ।
तत्र को मोहः कः शोक एकत्वं अनुपश्यतः ॥ ७ ॥

SLOKA 1. *Kasyasvit*, pour *Kasyastchit*; tel est le texte.

SLOKA 4. Dans la Grammaire de Carey, on lit *Aplouvan*. — *Apô*, doit s'entendre, selon les commentateurs védiques, comme synonyme d'*ambhas*; il dénote les régions au-dessus du ciel, et au-dessous de la terre.

ISA OUPANICHAD

DU YADJOUR-VÉDA.

———

1. Cet Univers et tout ce qui se meut dans cet Univers, est rempli par l'énergie, [la puissance] de l'Être ordonnateur ; c'est pourquoi, [dégagé des choses terrrestres], conserve [son culte dans ton cœur] ; n'entretiens point de convoitise pour la propriété de personne.

2. Que l'homme, pour accomplir ses œuvres [1], désire vivre un siècle ; car dans toi, ô homme ! excepté ces œuvres, il n'est rien qui ne soit atteint de souillures.

3. Ils s'en vont dans les lieux (*loká, mondes*) sans soleils [2], enveloppés d'une aveugle obscurité, ceux qui se suicident eux-mêmes [3] [en se livrant aux plaisirs terrestres ?].

4. L'ÊTRE-SUPRÊME UNIQUE (*Sanskr.* ÉKAM : l'UNITÉ) ne se meut point, quoiqu'il soit plus rapide que la pensée, les Dieux mêmes ne peuvent l'atteindre ; IL ne peut être perçu par les organes primitifs de la sensation [*les organes matériels ou externes*] ; IL dépasse même immensément les autres organes rapides de l'Intelligence, [*les organes spirituels ou externes*]. IL demeure immobile, et pendant ce tems, après avoir mesuré l'étendue de l'espace, IL établit le système des mondes !

5. IL se meut, IL ne se meut pas ; IL est éloigné, IL est près ; IL est dans tout, IL est hors de tout !

6. Celui qui voit tous les êtres dans l'Ame ou l'*Esprit* suprême, et l'Ame suprême dans tous les êtres, celui-là n'aura de mépris pour rien [4].

7. Celui qui a reconnu que les êtres sont dans l'Ame universelle [*ou, sont cette Ame universelle*], alors, qu'y a-t-il d'insensé ? qu'y a-t-il de triste à découvrir l'UNITÉ (*Ekatvam*), l'identité des choses ?

———

1. *Karmáni* : c'est, selon *Sankara Atcharia*, la pratique des cérémonies religieuses et des rites sacrés. — 2. *Asouryá*, les traducteurs Persans ont lu : *Asoura loká*, les mondes des *Asouras* ou démons. — 3. *Atmahanô, qui tuent leur áme*, ou *qui se tuent eux-mêmes*, probablement en ne pratiquant pas les rites religieux. — 4. Les traducteurs Persans ont traduit *atma* dans le sens de *soi-même* au lieu de *grande Ame* ; j'ai préféré suivre *Ram mahoun Roy*.

स पर्य्यगाच्छुक्रम् अकायम् अव्रणम् अस्नाविरं शुद्धं
अपापविद्धं । कविर् मनीषी परिभूः स्वयम्भूर् याथा-
तथ्यतो ऽर्थान् व्यदधाच्छाश्वतीभ्यः समाभ्यः ॥ ८ ॥

अन्धं तमः प्रविशन्ति ये ऽविद्यां उपासते ।
ततो भूय इव ते तमो ये विद्यायां रताः ॥ ९ ॥

अन्यद् एवाहुर् विद्यया ऽन्यद् एवाहुर् अविद्यया ।
इति शुश्रुम धीराणां ये नस् तद् विचचक्षिरे ॥ १० ॥

विद्याञ्चाविद्याञ्च यस् तद् वेदोभयं सह ।
अविद्यया मृत्युं तीर्त्वा विद्यया ऽमृतं अश्नुते ॥ ११ ॥

अन्धं तमः प्रविशन्ति ये ऽसंभूतिं उपासते ।
ततो भूय इव ते तमो ये संभूत्यां रताः ॥ १२ ॥

अन्यद् एवाहुः सम्भवाद् अन्यद् आहुर् असम्भवात् ।
इति शुश्रुम धीराणां ये नस् तद् विचचक्षिरे ॥ १३ ॥

सम्भूतिञ्च विनाशञ्च यस् तद् वेदोभयं सह ।
विनाशेन मृत्युं तीर्त्वासम्भूत्यामृतं अश्नुते ॥ १४ ॥

Sloka 8. Il y a dans le texte Bengali *souklam*, *blanc*, au lieu de *soukram*. —
Soudham pur. Le persan dit qu'il est pur des trois qualités افنا, ابقا, ايجاد,
eidjad, *abka* et *efna*, la *création*, la *conservation*, et la *destruction* ; cette
explication n'est pas dans le texte : ce sont sans doute les trois *gounas*, ou qualités *satvam*, *radjas* et *tama* de la philosophie *Védânta*.

Sloka 9. *Vidyam* et *avidyam*, littér. : la *connaissance* et la *non-connais-*
sance. Ces deux mots ont, dans le langage de la philosophie indienne, une
signification spéciale qu'il est difficile de préciser. Selon le commentateur *San-*
kara Atcharia, ceux qui *adorent* ou suivent l'*avidyam* ou la *non-connaissance*,

8. Lui enveloppe et pénètre tout ; il est sans corps, sans aspérités, sans souillures [qui exigent des ablutions ;] il est pur, inaccessible au péché [parfait], sachant tout, le grand poète [*Kavih*], le grand prophète, plein de savoir et d'inspiration [*Manîchî*] ; présent partout, existant par lui-même, qui a assigné à chacun, selon ses mérites, le prix de ses œuvres dans la succession éternelle des temps.

9. Ils s'en vont dans d'épaisses ténèbres ceux qui adorent l'IGNORANCE (des choses divines ?), et ils vont dans des ténèbres plus épaisses encore, ceux qui possèdent la SCIENCE ! [OU LA CONNAISSANCE.]

10. Ils ont dit [*les Sages*] que la conséquence de la SCIENCE, ou CONNAISSANCE, est une, et ils ont dit que la conséquence de l'IGNORANCE est autre ; c'est ce que nous avons appris aux enseignemens des Sages qui nous ont transmis cette doctrine.

11. Celui qui est instruit de ces deux choses ensemble, la SCIENCE et l'IGNORANCE (*vidyam* et *avidyam*), après avoir surmonté la mort par l'IGNORANCE, obtient l'immortalité par la SCIENCE.

12. Ils s'en vont dans d'épaisses ténèbres, ceux qui adorent la nature incréée, ou [*Prakriti*[1]] ; mais ils s'en vont dans des ténèbres encore plus épaisses, ceux qui se complaisent dans la nature créée et périssable [ou la matière[2]].

13. Ils ont dit [*les Sages*] que la conséquence de la nature périssable [ou *créée*] est une, et que la conséquence de la nature impérissable [ou *incréée*], est autre ; c'est ce que nous avons appris aux enseignemens des Sages, qui nous ont transmis cette doctrine.

14. Celui qui est instruit de ces deux choses ensemble : la matière périssable et la dissolution (*vinasam*) ; après avoir surmonté la mort par la dissolution, obtient l'immortalité par la nature incréée, ou [*Prakriti*].

---

sont ceux qui adorent le feu sacré, et font des oblations aux sages, aux ancêtres et aux créatures indistinctement, sans rendre un culte aux dieux célestes ; ceux qui possèdent la *vidyam* ou *connaissance*, sont ceux qui rendent un culte aux dieux célestes, en pratiquant les cérémonies religieuses, sans honorer le feu sacré, sans faire des oblations aux sages, aux ancêtres et aux créatures, etc.

SLOKA 12. *Sankara-Atcharia* explique *asambhoûtim*, nature incréée par *Prakriti*, et *Sambhoûtyâm*, la nature créée, par *Brahmâ*, l'énergie productive de *Brahma*. Les adorateurs de la dernière sont plus matériels que les adorateurs de *Prakriti*.

1. Voyez ses définitions dans le précédent Mémoire. — 2. Les Indiens nomment la matière informe ou créée *hiranya garbha*, l'œuf du monde, le fœtus de la création rudimentaire.

हिरन्मयेन पात्रेण सत्यस्यापिहितं मुखं ।

तत्त्वं पूषन्न् अपावृणु सत्यधर्म्माय दृष्टये ॥ १५ ॥

पूषन्न् एकर्षे यम सूर्य्य प्राजापत्य व्यूह रश्मीन् समूह

तेजो यत् ते रूपं कल्याणतमं तत् ते पश्यामि ।

यो ऽसावादित्य पूरुषः सो ऽहं अस्मि ॥ १६ ॥

वायुर् अनिलं अमृतं अथेदं भस्मान्तं शरीरं ।

❀ ॐ ❀

क्रतो स्मर कृतं स्मर क्रतो स्मर कृतं स्मर ॥ १७ ॥

अग्ने नय सुपथा राये अस्मान् विश्वानि देव वयुनानि

विद्वान् । युयोध्यास्मत् जुह्नुराणमेनो भूयिष्ठां ते नम

उक्तिं विधेम ॥ १८ ॥

॥ इतीशोपनिषत् ॥

15. « Le visage [la *voie*] de la vérité, est couvert par des voiles d'or épais et prestigieux[1]; ô Soleil! nourricier du monde, dévoile la vérité [à mes regards], afin que moi, ton fidèle adorateur, je puisse voir le *soleil* de la justice et de la vérité.

16. » O Soleil! nourricier du monde! solitaire anachorète! dominateur et régulateur suprême! fils de Pradjâpati! écarte tes rayons éblouissans, retiens ton éclatante lumière, afin que je puisse contempler ta forme ravissante, et devenir partie de l'Etre divin qui se meut dans toi!

17. » Puisse [mon] souffle de vie [mes esprits vitaux] être absorbé dans l'ame moléculaire et universelle de l'espace! Que ce corps matériel et périssable soit réduit en cendres!

O DIEU!

» Souviens-toi de [mes] sacrifices, souviens-toi de [mes] œuvres! Souviens-toi de [mes] sacrifices, souviens-toi de [mes] œuvres!

18. » O Agni! [Dieu du feu] conduis-nous par le droit chemin [à la récompense de nos œuvres]; ô Dieu! tu connais toutes nos actions, efface nos péchés, nous t'offrons le plus haut tribut de nos louanges! notre dernière salutation! »

---

1. Cette apostrophe au soleil est prononcée, selon *Sankara Atcharia*, par une personne agitée à l'approche de la mort, pour avoir négligé de parvenir à la connaissance de Dieu.

Sloka 16. Il y a dans le texte Bengali : *yó sávasó pouroucha*, au lieu de *yó 'sdváditya*, donné par Carey.

FIN DE L'ISA OUPANICHAD.

Nota. Les deux traductions persanes qui suivent ont été placées selon l'ordre que les *Oupanichads* occupent dans les MSS. de la Bibl. royale, dont Anquetil Duperron s'est servi pour faire sa traduction latine des 50 *Oupanichads*. L'*Isa* (ايشا) ou *Isavasia* (ايشاواسيه) est le cinquième; et le Kéna (كين) le 36ᵉ de cette collection. La division d'Anquetil, par paragraphes différens des *Slokas* sanskrits, a été conservée et numérotée pour en rendre l'étude plus facile.

❀ اپنکهت (۱) ایشاواسیه (۲) از ججر (۳) بید (۴) ❀

ایش بمعنی صاحب همه است وواس بمعنی پوشیده یعنی همه عالم
در صاحب عالم پنهان وپوشیده است ❀

۱. آن صاحب عالم ظاهر است و عالم درو پنهان هرچه نام
وصورت دارد و از صاحب عالم بر آمده در صاحب عالم میماند ودر
صاحب عالم فرو میرود ❀

۲. نبود (۵) اصل عالم که آنهاست (۶) راست وحق است ونام
وصورت عالم که اودیا (۷) است دروغ وباطل است ❀

۳. چون نام وصورت که دروغ و باطل است در آن نبود
آنها (۸) که راست وحق است در آمده است این هم راست وحق
مینماید یعنی نام وصورت عالم دروغ راست نهاست ودر حقیقت
وجودی ندارد ❀

۴. پس باید که این دروغ راست نها را که از خود تصور کردهٔ
و بآن دل بسته تعلق و خواهش آنرا گذاشته بی تعلقی خاطر و دل
نه بستن بآن همه کارها و همه لذتها و همه ذوقها که میخواهی بکن ودر
دل تعلق و آرزوی اینها نداشته باش ❀

۵. ودنیا و دولت از کیست واز که شده است دیده میشود که
از پیش یکی به پیش دیگری میرود و از یکی بدیگری میرسد ❀

NOTES. Tous les mots entre crochets manquent dans le *Man.* 64, ils ont été
ajoutés d'après le Man. 5.

(۱) उपनिषत्. — (۲) ईशावास्य. — (۳) यजुर्. — (۴) वेद.

— (۵) Le Man. 3 omet نبود, il porte : واصل . — (۶) आत्मास्ति.

— (۷) Le Man. 64 omet است , après اودیا . اودیا est le mot sanscrit
अविद्या, *ignorance, non-connaissance,* mot théologique sacramentel.

— (۸) आत्मा.

۶. و تا تو صاحب این نظر و این حال نشده که بدانی که این نام و صورت در آتماست و جوز آتما هیچ موجود نیست اگر تا صد سال زنده باشی اعمال نیک را مگذار و نتیجهٔ آن مخواه یعنی سلوک و عمل بی طلب نتیجه همیشه میکرده باش که رستگاری سالک ازین راه است وراهی دیگر برای او نیست ٭

۷. و چون اعمال نیک کنی و نتیجه منظور نظر نداشته باشی باین سبب عمل بد هم بتو ضرر نخواهد رسانید ورستگار خواهی شد ٭

۸. و هر که این معنی را (۱) بفهمد [و] اعمال را برای نتایج کند او در عالم اسران (۲) که عالم شیاطین است و تاریکی آن عالم را فرو گرفته است که هیچ چیز درو نمینماید میرود ٭

۹. و آنها خون خود را بدست خود ریختند که با وجود عقلی که با او آتما را میتوان شناخت نشناختند و غفلت کردند ٭

۱۰. و آن آتما بیحرکت است و یگانه است و دوم ندارد و از اندیشهٔ دل هم جلد تر است جمیع حواس ظاهری و باطنی باو نتوانند رسید ٭

۱۱. و هر جا که حواس خود را بآن جا توانند رسانید او پیشتر از حواس آنجا حاضر است و از آن دوندها (۳) با آنکه حرکت نمیکنند پیشتر ازهمه بآنجا رسیده است ٭

۱۲. هرن کربهه (۴) که همه را عمل میکنناند و نتایج اعمال میرساند در همان آتماست یعنی آتما محیط همه است ٭

---

(۱) Le Man. écrit : اینیعنی را . — (۲) असुरा mauvais génies : il y a dans le texte sanskrit असूर्य्या, sans soleils. Voy. la note, p. 63. — (۳) *dhâvata*, en sanskrit. — (۴) हिरण्यगर्भा, un des noms de Brahma.

۱۳. و متحرّک همان آتهاست و نا متحرّک همان آتهاست دور (۱) هم همان آتهاست و نزدیک (۲) هم همان آتهاست اندرون (۳) همان آتهاست بیرون همان آتهاست ۞

۱۴. هر که همه عناصیر و همه عالم را در خود به بیند و خود را [در همه عناصیر و در همه عالم به بیند] اورا هیچ چیز مکروه نه بنماید و از هیچ چیز نفرت نمیکند و هیچ چیز در نظر او بدور نمی آید چه عارف و کیانی که همه خود شده است اورا دوم نمانده است با که محبّت کند و از که نفرت نماید ۞

۱۵. و آن عارف و کیانی که آتها شده او محیط است او منزّه است او بی بدنست او بی نقصان است او بی رنگ است او پاک از سه صفت ایجاد و ابقا و افناست (۴) او بی گناه است او بی عمل است مبرّا از عمل نیک و بد او همه دان و همه بین است او بزرگ بزرگانست او بلای بالاهناست او بهستی خود هست است همه عالهها را با قسام پیداشها او پیدا کرده است ۞

۱۶. و کسانی که نظر بر نتیجهٔ اعمال دارند و مشغول به انند (۵) آنها در تاریکی عظیم درمی آیند ۞

۱۷. و آنها که عمل نکردند و دل آنها از سلوک صافی نشده است

---

(۱) *Doûrè*, en sansk. — (۲) *antikè*, en sansk. — (۳) *antara*, en sansk. — (۴) Voy. la note 8, p. 64. — (۵) Ce mot, distingué dans le manuscrit par une ligne supérieure rouge, comme tous les mots sanskrits, est la transcription fautive du mot अन्ध du texte sanskrit, mot qui signifie proprement

aveugle, mais qui, joint au mot तम: *obscurité*, a ici la signification de *noir* : *obscurité noire, épaisse*. Anquetil s'est trompé dans les significations qu'il lui a cherchées ; le persan l'explique parfaitement par ces mots آنها در ; «Ceux-là s'en vont *dans l'obscurité la plus grande, dans les ténèbres les plus épaisses*. »

و نافهمیده به تقلید سخنان توحید و کیان میگویند این جماعه
از آن جماعه که سبب نظر داشتن بر نتیجهٔ اعمال بنا تاریکی عظیم
در می آیند بدترند و در تاریکی عظیمتر در می آیند ٭

۱۸. و آنها که میگویند که نتایج اعمال نیک دیگرست و نتیجه
معرفت و کیان دیگر این را قبول بکن هر دو یکی است چه از عملی
که بی خواهش نتیجه کند از آن بیگناه و پاک شده بمعرفت
میرسد و عین حق میشود ٭

۱۹. و آنها که بذات صرف مشغولی میکنند تنزهی اند آنها که
بصفات محض مشغولی میکنند تشبهی اند ٭

۲۰. هر دو قوم میگویند که نتیجهٔ اعمال تنزیهیان دیگرست
و نتیجهٔ تشبیهان دیگر این هر دو قوم (۱) هم در تاریکی عظیم در
می آیند ٭

۲۱. باید که تشبیهه و تنزیهه را و ذات مطلق و مقید مطلق را
یکی دانسته [و] دل خود را بآن مشغولی پاک کرده و بمعرفت
و کیان رسیده رستگار شوند ٭

۲۲. هر که عمل نیک کند و منظور نظر او نتیجهٔ او (۲) نباشد
و هر که مشغولی کند و نظر بر نتیجه نداشته باشد و هر که کیان
و معرفت داشته باشد نتیجه باشد ایمن هر سه قوم مکت (۳)
و رستگاریست که عبارت از محو شدن در حق است ٭

۲۳. هر که مکت و رستگار میشود جمیع حواس ظاهری و باطنی

---

(۱) دو قوم Man. 3. On lit این هزدووم أین dans le Man. 64. — (۲) Au lieu
de او نتیجهٔ le Man. 3 porte آن نیک نتیجهٔ. — (۳) मुक्ति, béati-
tude, délivrance.

او با بدن لطیف او بعد از مردن درهن کربهه (۱) که مجموع عناصر بو
صرف است محو میشوند و جیبو آتهای (۲) او با آتها یکی میشود
و بدن کیف (۳) او خاک میشود ٭

۲۴. و در وقت مردن کیانیان و عارفان اعمال و نتیجهه اعمال خود را
میکوبند که ای اعمال ما مارا یاد خواهید کرد و ای نتایج اعمال ما مارا
یاد خواهید کرد که مارا هرگز نظر بر عمل و نتیجهه عمل نبوده است ٭

۲۵. بنور ذات میکوبند که ای جوتی سروپ (۴) یعنی ای ذاتی که
صورت نوری مارا براه نیک به برو بدولت بزرک رستکاری برسان
که دانندهه همه عملهای مارا و کناهان مارا (۵) بیامورز ترا بسیار
نمسکار (۶) است ٭

۲۶. و کیانی میداند که در آفتاب است و آن ذاتیست که عین
نور است آن پرش (۷) منم و چد اکاش (۸) که ذات مطلق است
منم و برهم (۹) که آفریدکار همد است منم ٭

۲۷. تمام شد اپنکهت ایشاواس که برهم بدیای (۱۰) بزرک
است یعنی عالم (۱۱) آفریدکار بزرک ٭

---

(۱) हिरण्यगर्भा. — (۲) En sanscrit : जीवात्मा, *ame vivante,
ame vitale.* — (۳) Au lieu de کیف que porte le Man. 64, le Man. 3 donne
کسیف. Ces deux leçons sont évidemment fautives. Anquetil traduit ce mot
par *crassum*; peut-être faut-il lire : کشیف. — (۴) ज्योतिःरूप,
forme, image du Soleil, de la lumière éternelle et vivante. — (۵) Man. 3.
Le Man. 64 porte مرا. — (۶) नमस्कार, salutation révérencieuse ;
adoration. नमस्कारी est le nom de la plante sensitive. — (۷) पुरुषः.
— (۸) चिद् आकाश. — (۹) ब्रह्म. — (۱۰) ब्रह्मविद्या.
— (۱۱) علم manque dans le Man. 3.

۞ اپنکهت (۱) کین (۲) از انهـربن بیهد (۳) ۞

---

۱. طالبان پرجاپت (۴) از پرجاپت پرسیدند که دل بحکم و خواهش که حرکت میکند و روانه میشود و پران (۵) که اصل همه است بحکم و خواهش که حرکت میکند و روانه میشود و گویائی بحکم و خواهش که کار خود میکند و چشم و گوش بکفته کدام موکل کار خود میکند ۞ 2. پرجاپت گفت گوش بحکم شنوائی شنوائیها و دل بدل دلها گویائی بگویائی گویائیها و پران بـه پران پرانها و چشم به بینائی بینائیها [کارهای خود را میکنند] ۞ 3. هر که این موکل موکلها را که [از] نور نورها است بداند آن عارفان راسخ و ثابت قدم بعد از گذاشتن تن بی زوال و مکت (۶) و رستگار میشوند ۞ 4. و آن ذاتی است که باو بینائی نمیرسد و گویائی باو نرسد و دل باو نمیرسد ۞ 5. هر گله

---

(۱) उपनिषत्. — (۲) केन, c'est le premier mot de l'Oupanichad de ce nom dont le texte sanskrit précède. Comme dans le *Koran*, et dans beaucoup d'autres livres théologiques, le premier mot de chaque Oupanichad des Védas est celui qui leur sert de titre ; il ne faut donc pas leur chercher une signification isolée. — (۳) आथर्वण वेद, le quatrième Véda. Le texte sanskrit porte que cet Oupanichad est tiré du सामवेद *Sâmavéda* ; selon M. Colebrooke, il se trouve exactement, mot pour mot, dans ces deux Védas ; les Commentateurs les ont interprétés différemment. — (۴) प्रजापति, grand Ancêtre, un des noms de ब्रह्मा *Brahmâ*. — (۵) प्राण, odorat, souffle. — (۶) मुक्ति, délivrance finale.

که از دل فهمیده نشود و بعلم فهمیده نشود اورا چگونه توان یافت
او از دانستنیها و نا دانستنیها بر تر است ٭ 6. از بزرگان سابق
همچنین شنیده ایم که ذاتی که گویائی باو نمیرسد و او بگویائی
میرسد همانرا برهم(۱) بدان ٭ 7. و هرچه بگویائی در می آید برهم
نیست او بی نهایت است و آنچه بگویائی در آید نهایت دارد
و آنچه نهایت دارد برهم نیست ٭ 8. ذاتی که دل باو
نمیرسد او بدل میرسد همانرا برهم بدان ٭ 9. هر چه بدل در
آورده شود آن برهم نیست او بی نهایت است [و آنچه در دل
برسد نهایت دارد و آنچه نهایت دارد برهم نیست] ٭ 10. و ذاتی
که بینائی [باو] نمیرسد و او به بینائی میرسد همانرا برهم بدان ٭
11. هرچه به بینائی در آید [آن برهم نیست او بی نهایت
است و آنچه به بینائی در آید] نهایت دارد و آنچه نهایت
دارد برهم نیست ٭ 12. ذاتی که باو شنوائی نمیرسد و او بشنوائی
میرسد اورا برهم بدان ٭ 13. چه هر چه بشنوائی در آمده است
آن برهم نیست و او بی نهایت است و آن چه بشنوائی در آید
نهایت دارد و آن چه نهایت دارد برهم نیست ٭ 14. و ذاتی
که حرکت پران باو نمیرسد [و او بپران میرسد] و پران باو
حرکت میکند اورا برهم بدان ٭ 15. و هر چه حرکت پران
باو برسد آن برهم نیست او بی نهایت است و آن چه حرکت
پران باو برسد نهایت دارد [و آن چه نهایت دارد] برهم نیست ٭
16. ای مرید اکر تو بفهمی که پیر من بسیار خوب فهمیده است
این فهمیدگی تو هیچ نیست چه خود را و پیر خود را و فهمیدگی

پیر خود را جدا جدا ساختن فهمیدگی خوب آنست که خود را

برهم بدانی ٭ 17. باید که فهمیده و فهم و فهمیده را یکی

شناسی ٭ 18. و پس اگر در فرشتها برهم را [مشخص و] منحصر

[در یکی] بدانی این هم خطاست چه او در همه است ٭ 19. اگر

تو دانستی که همین منم همین حق است همین برهم است

فهمیدی ٭ 20. مرید گفت من نفهمیدم ٭ 21. پیر گفت اگر

نفهمیدی چون میگفتی که من نفهمیدم چه از همین گفتن تو

معلوم میشود که خود را فهمیده دیگر گفتی که من نفهمیدم ٭

22. پس دو چیز فهمیدی یکی خود را و دیگر نفهمیدن خود را ٭

23. پس هر دو فهم در تو ثابت شد و فهمیدگی عین برهم است ٭

24. پس برهم را فهمیدی چون میگوئی برهم را نفهمیده ام ٭

25. در میان [این] جماعه که ما نشسته ایم هر که خود را [میفهمد]

که من نفهمیدم همان فهمیده همین قدر فهمیده است ٭ 26. و هر

که بگوید که من فهمیده ام او نفهمیده است چه فهم باو نرسد ٭

27. و هر که نفهمد او بفهمد هر که فهمید او نفهمید ٭ 28. هر که

فهمید بیان نکرد هر که بیان کرد او نفهمید فهمیدن او نا

فهمیدگیست و نا فهمیدن او فهمیدگی ٭ 29. هر که اینچنین

فهمد او بی زوال شد و او رستگار شد و بکمال قوت و بزرگی خود

رسید ٭ 30. و این که گفته اند معرفت سبب رستگاریست

همین است معرفت که شناختن خود است و رستگاری رسیدن

بخود ٭ 31. اگر تو اینچنین فهمیدی حق و راستی اگر چنین

نفهمیدی نیست و باطلی ٭ 32. هر که در همه اورا فهمید

او این عالم را که گذاشت رستگار و بی زوال شد ٭

به براهمن قصهٔ پیدایش

۳۳. وقتی که میان فرشتها (۱) و جنیان (۲)
خصومت و جنگ شد فرشتها ظفر یافتند دانستند که فتح
ما کردیم اما این فتح را برهم بآنها داده بود ۳۴. آفریدکار
دانست که ایذها در دل خود غرور هم رسانیدند هر یک از
فرشتها در میان یکدیگر در بی تحقیق شدند و خصومت و نزاع
در میان اینها افتاده و هر کدام میگفت این فتح را من کرده ام
۳۵. آفریدکار بجهت رفع نزاع در میان [آنها] بصورت عجیب
آدم (۳) که سزاوار تعظیم بود ظاهر شد و فرشتها اورا نشناختند
۳۶. بوکل آنش (۴) که روشنی او رهنمای ایشان و همه است
رفته گفتند که ای آنش رهنما رفته بفهم [دانی] که این آدم
نو که پیدا شده کیست ۳۷. آنش قبول کرده رفت و هیچ
از آن سزاوار تعظیم نتوانست پرسید ۳۸. آن صورت سزاوار
تعظیم از آنش پرسید که تو کیستی ۳۹. جواب داد که من
آنشم من روشنی کننده ام ۴۰. آن سزاوار تعظیم پرسید که
در تو چه قوت و قدرت است ۴۱. آنش گفت در من این
قوت است که من همه چیز را میتوانم سوخت ۴۲. آن سزاوار
تعظیم کاهی کننده پیش او نهاد [و گفت] که این را بسوزان

---

(۱) देवा: bons génies. — (۲) दैत्या: mauvais génies, démons.

— (۳) इदम्, pronom ce sanskrit, s'appliquant à la Divinité suprême que
l'on ne peut nommer. Les traducteurs persans et Anquetil ont pris ce pronom
pour le nom d'*Adam.* Voyez la note, p. 59. — (۴) अग्नि, Dieu du feu.

43. آتش هر قدر قدرت و قوت که داشت برای سوزانیدن آن کاه بفعل آورد و آن یک پر کاه را نتوانست سوخت ٭

44. شرمنده شده آمده بفرشتها گفت که من این صورت عجیب را نمیتوانم فهمید ٭ 45. فرشتها پیش باد رفته گفتند ای باد تو رفته تحقیق این صورت عجایب آدم نما که این کیست ٭

46. باد قبول کرده پیش آن سزاوار تعظیم رفت و هیچ ازو نتوانست پرسید ٭ 47. آن سزاوار تعظیم از باد پرسید که تو کیستی ٭ 48. جواب داد که من بادم من رونده‌ام ما بین زمین و آسمان ام ٭ 49. آن سزاوار تعظیم پرسید که در تو چه قوت و قدرت است ٭ 50. باد گفت من بر دارنده و پراننده‌ام هیه ام ٭ 51. آن سزاوار تعظیم بطریق سابق کاهی کنده پیش او نهاد [و گفت] که این را بردار به پران ٭ 52. باد هر قدر قوت و قدرتی که داشت برای بر داشتن و پرانیدن آن کاه بظهور آورد آن یک پر کاه را نتوانست پرانید ٭ 53. فرشتها پیش اندر(١) رفته گفتند که ای پادشاه مایان شما رفته تحقیق این صورت نمائید این آدم عجیب سزاوار تعظیم چیست ٭

54. اندر قبول نموده پیش آن سزاوار تعظیم رفت و بمجرد رسیدن اندر آن سزاوار تعظیم بی آنکه اندر چیزی به پرسید یکایک غائب شد ٭ 55. اندر بجای آدم زنی خوش صورت دید که نام او اُما(٢) بود و بصورت پربتی(٣) که زن و قدرت

---

(١) इन्द्र, *Indra*, dieu de l'espace. — (٢) उमा, *Oumá*, femme de *Siva*. — (٣) पार्वती, *Párvatí*, déesse, femme de *Siva*.

مها دیـو (۱) بـود ٭ اندر از آن زن پرسید که این آدم عجائب [که درینجا] بود و غائـب شد کـه بود ٭ ۵۶. زن کـه امـا نـام داشت گفت که این برهم بود یعنی آفریدگار بود فتـح جنیان را کـه شما بخـود نسـبت میداربد و از آن فتح خوش حال میشدید آن کننده فتـح این بود ٭ ۵۷. انـدر دانسـت کـه ایـن آدم عجائـب سزاوار تعظیم آفریدگار بود ٭ ۵۸. بهـمـیـن سبب این سه فرشته که آتش و باد و اندر باشند به برهم رسیدند و بزرگ فرشتگان شدند و در میان این سه فرشته اندر بزرگتر شد چه اول او ان سزاوار تعظیم را فهمید که برهم است ٭ ۵۹. و این بید کلام همان سزاوار تعظیم است که مثل برق از نظر غائـب شد ٭ ۶۰. در میان جمـیـع حواس همـین جیـو آنها مثل فرق برهـمـیـسـت که بصورت آدم ظاهر گشته بود در میان بدن آدمی همـین دل روشنی کننده و خواهش کننده است همان برهی کـه بصورت آدم عجـیـب ظاهر شده بود و از خواهـش او اما پیـدا گشته بود همـین دلی که با جـیـو آنها یکیست آنرا برهم دانسته باو مشغولی کند ٭ ۶۱. هر که این سخنـانی کـه مـذکور شده بداند و دل و جیـو آنها را برهم دانسته مشغولی کند او دوستدار همه جانداران گردد ٭ ۶۲. همه فرشتها به اندر کـه پادشاه همه است گفتـند که اینکهتی این مشغولی را آز ان بدانـیـم و بفهمیم بما تعلیم کنید ٭ ۶۳. اندر گفت ریاضت بکـنید و ضبط حـواس بکنید و اعمال نیک را باستـقامت موافق بیـد

---

(۱) महादेव, *mahádéva*, un des noms de *Siva*.

بكنيد و بيد بخوانيد و آنچه لازمهٔ بيد است بها آريد

و راستى كه اصل همه است پيشه بكنيد همين اپنكهت است

يعنى راه نمايندهٔ حق ٭ 64. هر كه اين اپنكهت را بداند

او جميع گناهان خود را دور كرده در مقام برزك مقيم گردد ٭

٭ تمام شد اپنكهت كين از اتهربن بيد ٭

تم   تم   تم

تم   تم

تم

VARIANTES.

Page 54, *Sloka* 3. Il y a dans le texte beng. : अर्थो अविदिताद्

au lieu de अथो ऽविदिताद्.

— 64, — 9. Il y a dans le texte en caract. bengal : य उ वि-

द्यायां रताः au lieu de ये विद्यायां रताः. La seconde forme est plus régulière ; mais la première est toute védique.

— *Idem.* — 12. Il y a dans le texte beng. : य उ सम्भूत्यां रताः

au lieu de ये सम्भूत्यां रताः.

ERRATA.

Page 17 et 20. Il y a une transposition de caractères chinois entre le dernier de la note 1, p. 17, et le premier de la note 9, p. 20.

— 31, note 1. मह्घोनि, lisez मह्घोनिः

— 32, 36 et 37. יהיה lisez יהוה.

— 51. סינום lisez סינים.

— 56, *Sloka* 9 et 14. Quelques exemplaires portent ब्रह्मनो, lisez ब्रह्मणो.

— *Idem.* — 13. Quelques exemplaires portent प्रत्यास्माच्छोकाद्, lisez : प्रत्यास्माच्छोकाद्.

— *Idem.* — 14. Quelques exempl. portent ब्रह्मः, lisez ब्रह्म ह.

— 58, — 19. Après मातारिश्व, ajoutez वा.

— 60, — 24, 25, 28, 29 et *page* 62, *Sloka* 4, remplacez le ष par un ष.

— 64, — 13. विचचन्दिर, lisez विचचर्निर